我 独自生活

Honjok:
The Art of Living Alone

【美】弗朗西·希利（Francie Healey）
【加】戴莹漾（Crystal Tai） /著   罗 丹 /译

HONJOK
Text copyright for Parts 2, 3 and 4 © Francie Healey 2020
Text copyright for Part 1 © Welbeck Non-Fiction Limited,
part of Welbeck Publishing Group Limited 2021
Simplified Chinese translation copyright © BEIJING ALPHA BOOKS.CO., INC., 2021
All rights reserved.

版贸核渝字(2021)第046号

图书在版编目(CIP)数据

我独自生活 / (美) 弗朗西·希利, (加) 戴莹漾著 ; 罗丹译. — 重庆 : 重庆出版社, 2021.11
书名原文: Honjok: The Art of Living Alone
ISBN 978-7-229-16234-4

Ⅰ. ①我… Ⅱ. ①弗… ②戴… ③罗… Ⅲ. ①生活方式 – 通俗读物 Ⅳ. ①C913.3-49

中国版本图书馆CIP数据核字(2021)第258489号

我独自生活

[美] 弗朗西·希利　[加] 戴莹漾　著
罗丹　译

策　　划：	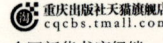华章同人
出版监制：	徐宪江　秦　琥
责任编辑：	秦　琥
特约编辑：	王晓芹
营销编辑：	史青苗　刘晓艳
责任印制：	杨　宁
插图绘制：	H.Franky
装帧设计：	刘沂鑫

重庆出版集团
重庆出版社 出版

(重庆市南岸区南滨路162号1幢)
投稿邮箱：bjhztr@vip.163.com
北京华联印刷有限公司　印刷
重庆出版集团图书发行公司　发行
邮购电话：010-85869375/76转810

重庆出版社天猫旗舰店
cqcbs.tmall.com
全国新华书店经销

开本：787mm×1092mm　1/32　印张：6.5　字数：75千
2022年1月第1版　　2022年1月第1次印刷
定价：49.00元

如有印装问题，请致电023-61520678
版权所有　侵权必究

第一章

一人部落

- 韩国的 HONJOK 是什么？/3

第二章

心境：孤独还是独处？

- 孤独还是独处？/43
- "孤独者"标签 /47
- 孤芳自赏 /53
- 为你定义孤独 /61
- 内向与外向间的谱系图 /69
- 归属感 /82

第 三 章

反省的艺术

· 独自沉思 /97
· 真我与假我 /101
· 了解自我 /106
· 察觉自己的感受 /116
· 培养好奇心 /121
· 成为自我人生剧本的作者 /127
· 建立自我价值感 /136

第 四 章

独处行为

· 享受独处时光 /149
· 建立自我关怀的仪式 /157
· 自省和写日记 /160
· 冥想 /165
· 冥想式运动 /169
· 探索自我的创造力 /177
· 探险之旅 /182
· 独自用餐 /188
· Honjok 式的生活 /194

第一章

一人部落

韩国的 HONJOK 是什么?

2017年,"honjok"(发音为hon-juk)一词作为反主流文化的流行语在韩国出现,当时,大批韩国年轻人开始将它作为标签来描述自己和自己的活动。"hon"是"honja"的缩写,意思是独自一人;"jok"意指部落。简单来说,"honjok"意为"一个人的部落"或"独身族"。

虽然没有一个确切的社会学定义可用来解释这一流行语及其所描绘的群体，但honjok群体一般选择独自活动，并最大限度地发挥他们的独立性，拒绝秉承韩国社会上那种更重视群体需求和期望而非以个人为导向的集体主义社会价值观。包括反抗组成传统的核心家庭——即放弃婚姻，选择以个人为单位的独立生活。

在一个老一辈大多早婚，并且期望千禧一代为了延续家族血脉而效仿传统的国家，这一点引起了很大争议。韩国已经成为世界上出生率最低的国家之一，平均每100名女性只生育95个孩子，甚至有人估计，韩国将在2750年面临"自然灭绝"。

虽然honjok群体已经有意识地决定独居、独食，以及独自花时间享受娱乐活动，但很显然，在一定程度上这种趋势也是受环境的影响。

第一章　一人部落

honjok 运动源自韩国年轻一代的迷惘。在面对长年经济发展迟缓，缺乏工作机会和社会流动性的社会形势时，韩国年轻人对自己未来的命运感到绝望。许多人认为他们别无选择，只好选择 honjok 式的生活。2019 年 4 月的统计数据显示，首尔的单人家庭数量几乎占全市家庭总数的三分之一，百分比为 31.6%，而且预计这个数字会持续上升。韩国统计局的数据显示，到 2026 年，在全国范围内，单人家庭的数量在所有家庭总数中的比例将上升至 36.3%，居全国家庭总量的首位。

不仅是韩国，例如在美国，单人家庭的现象也变得更加普遍，2018 年，单人家庭数量占全国家庭总数的 28%。在其他西方国家，如英国和瑞典，越来越多的人将时间花在自己身上，并独自生活。2017 年在瑞典有 180 万人是以单人为家庭，占所有家庭总量的

39.2%，占全国人口总数的 17.8%。

● 现代韩国

如今，我们能很容易地看到"韩流"的崛起，包括韩国流行音乐、韩剧、韩国时尚、韩国美妆——这些都代表了目前韩国身为文化大国的影响力，它是如此光鲜亮丽。同时，我们也能很容易地看到那段至今依然对韩国有着多方面影响、引发了众多复杂的社会问题却仍旧被搁置的历史。

数百年间，韩国和朝鲜曾经构成一个统一的主权帝国，存在于朝鲜王朝（1392—1910）时期。在此期间，它名义上是中国的附属国。从 15 世纪到 16 世纪，随着科技、艺术和文化领域的不断进步，这一王国得

第一章　一人部落

以繁荣发展。在当时的社会意识形态中，新儒家思想占据着主导地位，从贵族到契约仆人和奴隶，都遵循着一套严格的社会阶层划分制度。

然而，到了19世纪，朝鲜王朝在面临日本的一系列入侵后不愿对外开放，因而被戏称为"隐士王国"。这个国家随后被邻国吞并，从1910年到1945年一直被日本占领。在此期间，有超过500万的朝鲜半岛人被日本人征召为强制劳动力。据记录，其中有40万人最终死亡。同时，数十万名朝鲜半岛和中国的妇女被迫沦为性奴隶，充当日本军队的"慰安妇"。至今，针对这一问题依然存在着争议，成为日本和朝鲜半岛之间冲突的根源。

当日语成为包括学术界在内的许多生活领域的主要用语时，朝鲜文化备受压制；当朝鲜半岛生产的物料资源仅限于供应日本，朝鲜半岛的工业也受到了剥削。直到1945年，日本在第二次世界大战中投降，这种文化压迫才得以结束。随后，沿着在三八线一带，朝鲜半岛被划分为两个行政区域：位于北方由苏联支持的朝鲜和位于南方由美国支持的韩国。

在1950—1953年的朝鲜战争中，南北两方为能战胜对方而战。双方都得到了超级大国的支持，在这场战争中伤亡人数高达百万。最终，双方在僵局中结束了战争，而两国的边界线与战前相比也未发生任何改变。时至今日，朝鲜半岛仍然处于分裂状态，分别身处两国的夫妻、父母与子女、兄弟姐妹和其他家庭成员仍然彼此分离。

尽管朝鲜半岛有着悲惨的近现代史，但在朝鲜战争结束后的几年里，韩国进入了快速的经济发展时期。

第一章　一人部落

1980—1990年，韩国的国内生产总值增长速度居世界第一。在这一时期，韩国仍处于专制独裁政权的统治之下，其统治者有前总统朴正熙（于1963—1979执政）和军事独裁者全斗焕（于1980—1988执政）等。这些时期内，平民起义、血腥冲突和镇压导致数百名抗议者死亡，如1980年的光州事件。近年来，韩国也依然被一系列动荡的社会和政治抗议活动所困扰。

2016年年底，前总统朴槿惠的落马震惊了韩国。她是已故独裁者朴正熙的女儿，她卷入的丑闻事件包括：涉嫌严重的贪污腐败，与邪教组织有密切的联系，贿赂韩国财阀以及其他滥用职权的行为。

同年，一名年轻女性在首尔市江南区被一名陌生男子杀害，罪犯承认是出于对女性的仇恨而实施了谋杀。这些恶性事件，再加上年轻人在韩国激烈的竞争环境中挣扎求生所产生的挫败感，都是 honjok 运动的重要催化剂。显然，honjok 运动由日益增长的不满情绪和对生存的担忧所形成。

● 令人沮丧的社会等级制度

韩国奉行一种新儒家文化，与中国、日本和东亚大部分地区的文化相似。新儒家思想是将儒家的理性与道家、佛教中具有更少的宗教性和神秘性的哲学理论相结合，最终形成一种新的自成一体的思想流派。虽然新儒家思想听起来很新潮，但它的形成最早可追溯至公元 618—907 年的中国唐朝。

从 1392 年至 1910 年，在整个朝鲜范围内，新儒家思想成为当时朝鲜王朝的国家意识形态。这种学说倡导人们要尊敬老人，儿女要孝顺父母，女性则被要求成为贤妻良母。

如今的韩国社会，人们在运用语言和日常交际时仍然恪守着严格的社会等级制度，出生于20世纪八九十年代的人还遵守着一套可能令西方人感觉很专制甚至是令人震惊的行为标准。在小学里，学生们会因身高的不同，而由低到高地被依次排列并编号，最高的和最矮的同学排在队伍的两端。除了身高困扰以外，人的外貌也格外受到重视，韩国年轻人的个人吸引力有助于增强他们的社会流动性。至今，大多数求职者仍会在简历中附上他们的照片。在评估专业技能的时候，候选人的相貌同样也会对他被录用的概率产生影响。

一代又一代韩国年轻人都被告知要去追求"韩国

梦",它的目标不同于"美国梦"(产生于美国20世纪50年代的麦卡锡时期)。努力学习、毕业、找到工作、结婚、买房、生孩子……许多人都遵循着这套价值标准,他们穿上统一的黑色西装,纷纷走入"真实世界"后却发现以上目标很难实现。而对少数成功的幸运儿来说,他们当中也有很多人发现,成功后的现实情况并不像理想中的那样好。"honjok"引人思考,在现有的社会及文化规范之外,我们是谁。

如今,大多数韩国年轻人在十几岁和二十几岁的时候都在学习和接受高等教育,并努力获得一系列证书和执照,以便有资格在LG、现代和三星等韩国当地企业中从事低薪、入门级的办公室工作。这样的工作虽然枯燥乏味、要求高,但却被框定为通往成功的唯一道路。而且,尽管收入不高,想找到这样的工作也不容易。

韩国女权主义的兴起

韩国女权主义的出现，以及与之相关的个人主义的兴起，是影响 honjok 文化的另一个重要因素，特别是韩国的"不婚运动"。在受到性别歧视和面对过时的社会观点，即认为女性最适合成为母亲和家庭主妇的环境背景下，越来越多的女性选择保持单身，以维护自己的独立、自主意识。

在刊登于 2018 年 5 月出版的 *Vice* 杂志上的文章《浪漫主义的消亡和在韩国集体主义背景下"孤独者"的崛起》里，首尔大学的社会学教授迈克尔·赫特（Michael Hurt）提到女性被迫在职业和婚姻之间做出选择。赫特在文章中指出："针对职场女性，传统的处理方式是——一旦你生了孩子，你就被解雇了。"

传统观念认为，已婚妇女应该是尽职尽责的儿媳妇，做饭、打扫卫生、伺候人，为所有的家庭活动做好准备工作。大学生金瑞妍说，她甚至听说过妻子们联合抵制韩国感恩节这样的家庭节日，因为除了日常的家务和情绪负担外，她们还要承担极大的工作量。金瑞妍说："我读过一篇文章，是拒绝参加这些活动的一位女性写的。她不想被当成奴隶一般地对待，所以10年来她一直避免参加这些活动。"金瑞妍补充说，这个女性的家人最终意识到这不是懒惰的问题，而是平等的问题，因而现在不再期待她做出这样的贡献了。

"韩国经历了前所未有的经济快速增长时期，经济和物质财富增长得如此之快，但在心理和文化层面上，人们却仍旧保持着传统观念，" 金瑞妍说，"这体现在对婚姻的期待值上。"

第一章　一人部落

韩国国家统计局的数据报告显示，2010 年，有 64.7% 的韩国女性认为婚姻是女性的必需品。而到了 2018 年，只有 48.1% 的人同意这一观点。

韩国女孩贝克哈娜和郑世英运营着一个名为 "Solo-darity" 的英文 YouTube 频道，该频道提倡独居并反对必须结婚生子才算成功的观念。2019 年 7 月，郑世英在彭博新闻社发表的一篇名为《不婚运动正在让韩国的经济困境雪上加霜》的文章中说："社会让我觉得自己是个失败者，因为我已经 30 多岁了，可是还没有成为妻子或母亲。相比从属于某个人，目前，我为自己设想了一种更加远大的未来。"

在贝克哈娜和郑世英等人的先锋行动的刺激下，人们越发使用"不结婚"的标签来为自我自主权申诉，公开反对推动女性生育的言行，随着出生率的持续下降，韩国政府对这一问题的关注度也越来越高。

最新的政府报告显示，韩国的出生率在 2018 年下降到 0.98——平均每个妇女生育不到一个孩子。这一比率在世界范围内都是最低的，也是自 1970 年韩国政府开始追踪记录生育率以来的最低历史记录。

2019 年，韩国的婚介机构"配对婚介所"开展的调查显示，23.1% 的单身受访者表示成婚后不想要孩子。其中，与男性相比，有数量更多的女性表示她们没有生育计划。异性恋婚姻是合法的，但在这个保守的国家，同性恋婚姻和其他非二元性别婚姻或其他浪漫关系在很大程度上仍然是禁忌。另外，该婚介所的数据显示，韩国女性的平均结婚年龄为 33.4 岁，而男性的平均结婚年龄则为 36 岁，90% 以上的男性比他们的妻子年长。

对像 26 岁的珍妮·帕克（Jenna Park）一样的人

们来说，约会已经是很困难的事，更不用说去实现大多数婚姻中的期待了。她说："女性正在意识到自己的权利是什么，以及男性是如何对待她们的，但男性却已经习惯了过去的方式。"

在韩国得到蓬勃发展的"MeToo 运动"被认为是当地女权主义崛起的功臣。2018 年初，在女检察官徐智贤公开提出她对前雇主的性骚扰指控后，该运动首次爆发。

大约在同一时间，韩国开始兴起抗议针孔相机的运动。从前伴侣为了打击报复而上传到暗网的色情视频，到公共厕所和酒店房间内的隐藏摄像头，再到知名的韩国潮流明星在未经女性同意的情况下所拍摄的亲密录像，非法的隐藏摄像头犯罪行径被一一曝光。韩国女性开始在线上和线下发起抗议，抗议她们所受到的伤害及随后遭受的辱骂。同时,她们认为当局在处理这些问题时缺乏严肃性,执法部门也被要求承担责任。

挣脱束缚

许多人开始反思泛滥于韩国社会中的容貌歧视问题(基于个人外表的歧视)。与世界上的许多地方一样,对年轻、美丽和时尚等的追求影响着人们对女性的看法,而在韩国,美丽是一个人社会资本的重要体现。韩国是世界上整容手术率最高的国家之一,盖洛普韩国的一项调查显示,在19岁至29岁的女性中,平均每三个人中就有一人承认自己曾经做过整容手术。所以,当韩国女性发起反对外貌歧视的运动,"挣脱束缚"时,这很让人意外。这场运动主要发起于网络,一些博主和Instagram用户称她们将不再坚持白皮肤、双眼皮、小尖鼻、V字脸等僵化单一的审美标准。一些女性甚至拍下自己卸妆的视频或照片,并拒绝通过女性化的长发造型和服饰来迎合男性凝视或物化女性的观念。

一位在哈佛大学学习的不愿透露姓名的韩国女权主义学者说:"如果女性不符合某些审美标准,就会被其他人贬低,相比于女性,男性在选择伴侣时则要容易得多",她还提到韩国的潮流女团就体现了这种扭曲的"完美女性伴侣"的形象。"她们必须是瘦弱、白皙、长着娃娃脸的女性,而且看起来总是快乐、积极向上的——这就是男人们想拥有的理想化的妻子或女友的形象,一种执拗的男性审美。"

但美貌和婚姻并不是当今许多韩国女性所追求的目标，事业和独立是第一位的，不能继续从事自己的事业被视作选择婚姻的最大阻碍。

政治动荡引发的幻灭感，在学校和找工作时面临的巨大竞争压力，社会流动性和阶级上升机会的匮乏，以及越来越多女性意识到她们必须遵守无数的性别束缚，所有这些原因最终导致了韩国 honjok 文化的形成。

全球性的个人独居

虽然 honjok 运动背后的一些问题是韩国社会独有的，但很明显，这一运动并不是孤立存在的。如今，在不同的社会条件下，它在世界各地都成为一种愈演愈烈的社会现象。在世界范围内，由于全球经济的衰退、个人主义和女权主义的兴起、社交媒体技术的发展以及 MeToo 运动等特殊的因素,可以说,一场全球性的个人独居运动已经出现。

纽约大学的社会学教授、公共知识研究所所长艾里克·克里南伯格(Eric Klinenberg),在 2012 年出版的《单身社会》一书中研究了全球独居现象的发展趋势。克里南伯格将个人主义的出现、女性地位的提高、城市的扩张、通信技术的发展和生命历程的延长等社会变化视为推动独居生活流行的重要因素。他写道:"在历史洪流中的此时此刻,独居显然将成为当代发达国家的一个持久性特征。"

他还花时间研究了瑞典的社会结构。2017 年,在全球范围内,瑞典的独居人口比例最高,占全国家庭总数的 39.2%。同时,社会还提供了支持个人生活的必需资源，包括促进发展单身人士集体生活的住宅楼。

即使是在政府不太会向年轻单身人士给予补贴的地区，独居家庭也变得越来越普遍。在亚洲，单身人士一直被贬低，在中国，他们常被称为"剩女"和"光棍"，在日本被称为"圣诞蛋糕"（像放了很久的糕点一样），但现在，越来越多的人开始独自生活。

与韩国一样，中国的很多女性也开始选择晚婚或者不结婚。在日本，有一些女性选择以自婚的方式来对自己独立生活的选择表达认可和尊重。

在日本，除了婚姻状况之外，与世界上的其他地方相比，想要一个人生活的观念是很容易被大家接受的。虽然不像"honjok"这么有名，但"ohitorisama"（独自一人）一词随着独自吃饭、独自阅读、独自旅行、独自唱卡拉OK等一人活动的普及而得以发展。

日本虽然没有韩国引以为豪的类似"honjok"的活动，却引领着独自活动的潮流。从独自活动的需求出发，发展出了包括餐厅、娱乐设施在内的整个产业。日本"ohitorisama"文化的创新之处在于，它并不只是针对单身人士或独居人士而言的，很多恋爱中的人和那些与家人一起生活的人也可以参与其中。这已经成为一种自我充电的方式。

● 关于孤独和自我的观点

虽然个人主义的概念在 19 世纪就已经存在了，但关于个人主义和孤独的观点则是由汉娜·阿伦特（Hannah Arendt）这样的思想家推动形成的。汉娜·阿伦特是一位德国犹太裔哲学家，她在 20 世纪 20 年代至1975年去世之前，一直在撰写政治理论方面的文章，尤其是涉及个人和社会方面问题的文章。

阿伦特认为，独处并不是一种孤独的活动，因为你一直让自己陪伴着自己。因此，她写道："当你孤身一人，没有人陪伴，或者当你没有为自己提供你需要的陪伴时，孤独才会出现……"

她认为，尽管我们面临无穷无尽的干扰，并试图阻止与自己进行对话，我们最终还是需要面对自己是谁的问题。她曾经写道，"自我是你唯一无法摆脱的概念，除非你不复存在"。

与这种直面自我的观念相关的是存在主义学派，这一哲学学派主张个人的独特性和作为个体进行思考的能力，并把真实性视为我们最伟大的美德，同时，该学派也主张孤独是人类的一个本质特征。

第一章　一人部落

20世纪初的哲学家,如索伦·奥贝·克尔凯郭尔（Soren Kierkegaard）、让-保罗·萨特（Jean-Paul Sartre）和弗里德里希·尼采（Friedrich Nietzsche）都认为,我们是作为独立的生命而存在的——孤独地抵达世界,孤独地度过人生,孤独地离去。萨特说过一句经常被引用的话:"如果你在独处时感到很孤独,那就说明你正在处在一种糟糕的自我陪伴关系里。"

然而,萨特和他同时期的人都认为,孤独是人类存在的本质。因为当我们意识到我们能依靠的只有自己的时候,我们就会认清是我们在控制自己,因此要对自己的所作所为负责,并最终创造出属于自己的人生目标。

孤独会带来痛苦和悲伤,但它却是不可避免的。如果我们想要过一种有意义的生活,我们就必须学会接受它并从中挖掘出价值。对此,存在主义者认为,我们应该拥抱自己在这个世界上的孤独感,并找到人生真谛,以及明白人是如何利用自由来定义孤独和自我的。萨特有句名言"存在先于本质",意思是说我们存在,因此我们必须找到自己的目标和方向,而寻找这种生命意义的所有责任都落在我们自己身上。

这种选择上的孤独是可怕的、压倒性的,但它也可能赋予人极大的力量。孤独变成了一种决定。我们能否承受这种孤独,并在还未审视自己所做的选择前就以庸碌的生活方式来分散自己的注意力,以期忘掉孤独?或者,我们往前再走一步,看看孤独最终能给我们带来什么样的创造力和自由?

著名而又孤独的作家,如拉尔夫·瓦尔多·爱默生(Ralph Waldo Emerson)和亨利·戴维·梭罗(Henry

David Thoreau），在他们的作品中都写到了个人主义的重要性。"坚持自我，绝不模仿，"爱默生写道，"你可以每时每刻呈现你自己的天赋，以积累你一生的财富；但对于他人的天赋，你只是临时占有了一半。每个人都能做出最好的东西，除了他的造物主之外，没有人能够教授他任何经验。"

梭罗在其作品《瓦尔登湖》中，描写了他在乡间独居时找到的满足感。他写道："人们经常对我说，我想你在那边会感到寂寞，会想离乡亲们近一些，特别是在雨雪天和夜晚。我很想这样回答——我们居住的整个地球只是宇宙空间中的一个点。你想，两个非常遥远的星球上的居民之间距离有多远啊，这两个星球间的距离是我们的仪器至今都无法测量的，所以我为什么会感到孤独呢？"

正是在大自然中，在享受"四季的友谊"的同时，梭罗感到他与世界的联系是最为紧密的。"我从来没有感到孤独，或者产生被孤独感压迫的感觉。但有一次，那是在我来到森林里的几个星期后，当时，大约在一个小时内，我怀疑附近的人类邻居是否觉得宁静和健康的生活不重要。因此，独处是一件令人不快的事"，他写道。

周围没有人类及其文明存在，梭罗开始意识到自然界的存在让他获得了陪伴。渐渐地，他开始注意和欣赏那些他以前几乎没有注意过的景象、声音和感觉。他写道："在一场绵绵细雨中，当这些想法占据大脑的时候，我突然意识到大自然是如此美妙和谐。在淅沥的雨滴声中，在我房子周围的每一种声音和景象中，一种无穷无尽、难以计数的亲切感就像一种特别

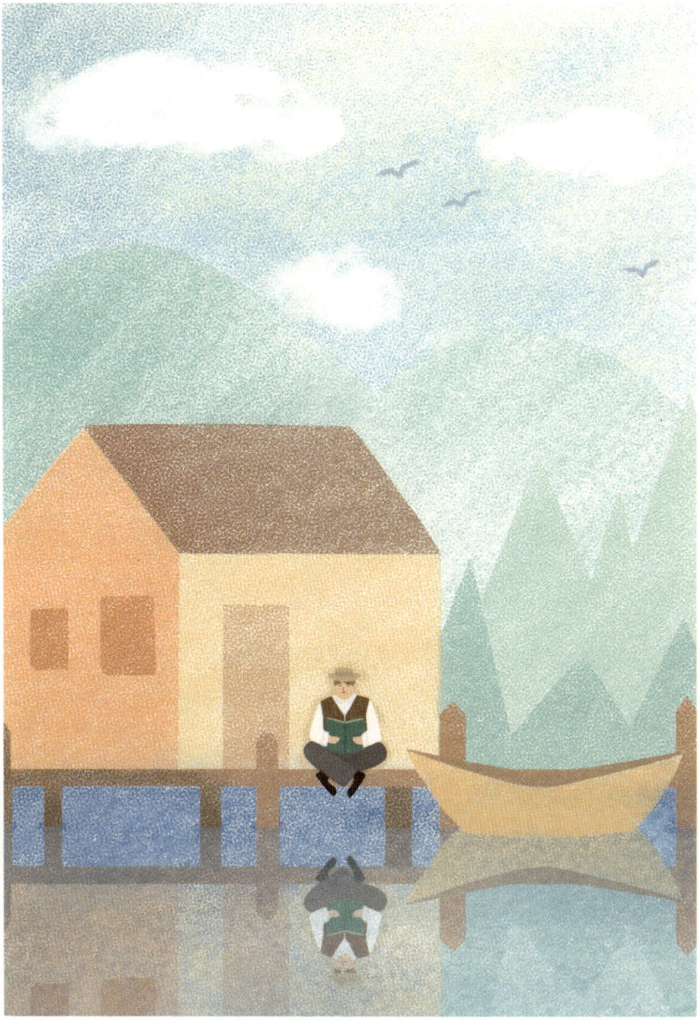

的气氛般一下击中了我,让人类邻里关系那种空洞的优势变得微不足道,从那以后我再也没有想到过这些优势。"

金素云生长在首尔的一个大家庭里,是5个孩子中最小的一个。青年时期,她常年穿梭于人群中,不断与朋友约会或参加社交活动,她从不孤独。当她开始沉思时,她意识到自己没有调整好状态,在他人的陪伴下她反而感觉更加孤独。现年47岁的她目前一个人住在统营市,她说:"独处是伟大的发现,我第一次找到了自己,这是一种启迪。"

独自生活的结果是,金素云找到了与自然的新联系。她说,当她能与树木或鸟儿交谈时,她觉得没有必要与人进行肤浅的对话了。她的独处实际上增强了她与他人的关系,因为她能够变得更加真实,不再那么肤浅了。她发觉即便是在她独处的时候,也不再感到那么孤独了,相比之下做真实的自己更重要。

社交群体

在生活中,我们当中的很多人都会与那些让自己获得归属感的群体建立深层连接。迈克尔·赫特(Michael Hurt)教授认为,社交群体是指围绕着共同的兴趣或归属感而团结起来的人。

许多人在十几岁的时候,就会开始主动寻找志同道合的伙伴,伙伴们在文化和娱乐爱好上有相同的兴趣,比如喜好相同类型的音乐、运动项目、游戏。从所谓的乐队怪才到潮流组合,再到停车场里的赛车队,典型的高中小团体就是这样形成的。

在这些社交群体中，我们试图以某种方式展现自己，以便更好地融入其中，获得更好的归属感。我们也会与群体中的其他成员进行比较，以确保自己符合群体的身份或形象。

成年后，我们将继续寻找属于自己的群体，尽管这些群体可能会变得多样化，并以不同的方式呈现出来。人们的休闲时间逐渐增多，并且科技产品接管了曾经非常耗时的家务和杂务，如洗衣服等。因而，除了社会生产力水平的提高以外，我们的休闲时间也变得比以前多得多，由此，我们便拥有了更多的时间去探索和组成新的社交群体。

随着社交媒体和其他技术的出现，我们比以往任何时候都更有机会去接触更多不同的平台和网站，通过这些平台和网站，我们可以结识与我们品味和

第一章　一人部落

志趣相投的人。

令人着迷的是,这也导致了"自我延伸"的产生。自我延伸的概念最早是在 1988 年作为一个学术术语被提出来的,它与数字消费或者说是与我们对互联网及相关平台的使用有着较强的联系。自我延伸是指你的外在部分,即对于某些群体和部落的认同——例如,你把自己看成是一个音乐家,那么你的自我延伸就是你每周都要参与的乐队的一部分。

互联网使我们能够创造出各式各样的自我延伸,从约会软件上的你,到公共论坛上的你,再到与住在远方的儿时好友聊天的你。从某种意义上说,能够向许多不同的人展示不同维度的自己是美妙而自由的,但这也可能是一种角色扮演,有时,这一切也不是真实的自己。

迈克尔·赫特将这些网上的自我表达称为"化身"。他说，现在，人们可以躲在网络图标（或自我）的背后，做出一些在现实生活中难以被接受的尴尬行为。通过网络，他们甚至可以找到那些与自己抱有同样非政治正确观点的人。因此，出现了大规模的谩骂文化现象，如网络暴力和人肉搜索。通过这些更隐蔽的自我延伸的方式，网络世界的煽动者可以躲避现实社会里的道德谴责，又因为没有人知道他们的真实身份，所以他们得以从原有的寻求归属感的需求中摆脱出来，与此同时，他们又能在网上找到一个他们所属的社区。

在《不完美的礼物》一书中，脆弱性研究者布琳·布朗（Brene Brown）将归属感定义为人类与生俱来的渴望，即希望成为某个比自我能量更加强大的团体中的一部分。她写道："因为这种渴望是如此的原始，

/ 35

所以我们常常试图通过融入集体和寻求认可来获得它，而这些不仅是归属感的空洞的替代品，更成为获取归属感途中的障碍。"社会群体，无论是好还是坏，都能帮助我们找到表达自己和认同他人的方式。

然而，只有当我们向世界展示真实的、不完美的自我时才能产生真正的归属感。布朗认为："我们的归属感永远不会超过我们的自我接纳水平。" 不管其他人是否对honjok有负面的看法，培养自我接纳的意识是一些人在honjok式的生活中发现的价值。不过，运营网站honjok.me的江先生也在努力让更多的人认可honjok群体。一些人认为honjok群体是失败者、社会弃儿和局外人，江先生创建这个网站正是为了改变人们对honjok群体的负面印象。江先生说："我想消除这些偏见，取而代之的是对幸福、自信、高效、合理的生活方式和自由的诠释。"

江先生将"honjok"定义为"忠于自己而不是花时间与他人相处的人"。"之前,这个词通常暗指不善于社交的人。然而,最近出现了积极的变化,因为自愿选择 honjok 式生活的人,都自信地选择独处,并保持快乐。"

忠于自我

法国文艺复兴时期的哲学家米歇尔·德·蒙田(Michel de Montaigne)在《随笔集》中说:"世界上最伟大的事情是知道如何忠于自己。"

honjok 现象促使我们思考以上问题,以及在既定的社会和文化规范之外的我们是谁。在这本书中,我们将思考孤独之美，以及建设内心世界所带来的深层次的满足感。本书将带你踏上一段自我反思的旅程，通过温和的探究和观察方式引导你向内发展。你将了解真实的自我、欲望和需求，同时探索孤独、自我价值和由内而外的自由等主题。通过以上探索，希望你能发现自己的天赋，并通过体验真正的自我而更加感受到内心的平静。

"如此完全地属于自己,以至于你愿意独自站立于一片荒野中——这是一个关乎孤独与探索的、未被征服的、无法预知的地方。这是一个既危险又令人惊叹的场所,一个令人向往又令人恐惧的区域。人们往往认为荒野是不神圣的,因为我们无法控制它,也无法控制人们对我们是否进入那片浩瀚天地去冒险所抱有的看法。但事实证明,那片天地才是真正的归属,也是你所站立过的最能激发你的勇气的、最神圣的地方。"

—— 布琳·布朗(Brene Brown)

第二章

心境：孤独还是独处？

孤独还是独处？

你认为孤独是一种个人感受吗？有些人将"独处"一词等同于"孤独"，并指出两者之间的语义重叠；另一些人则在他们独处的独立空间和时间中获得宁静，他们真正地做自己，认为独处带来更多的自由和相对较少的限制，并将其视为一种快乐的体验。

字典对"独处"一词给出了不同的定义。最基本的含义是"没有其他人在场；没有同伴"。或者，也可以指"独自"面对某种观点或挑战，所以你是"无人协助的"和"缺少帮助的"。"独处"的第三个定义是"孤立和寂寞"。该定义具有相当大的跳跃性，将"独处"从一个中性的词转变为一种具有明显负面含义的表达。

同样，我们也可以遵从内心将独处定义为积极的、中性的或消极的体验，这取决于我们是谁，我们对自己和他人的感觉，我们的年龄和我们的个人生活经验、文化期望及所处的环境。

例如，随着年龄的增长，我们可能会发现自己更加珍惜独处的时间。当然，从文化社会和情感的角度出发，针对独处有着各种各样的解释。

相反，"孤独"这个词的定义就不那么主观了，尽管孤独这种体验是一种主观感受。在字典里，孤独的定义明显是负面的："不快乐，因为没有朋友或同伴。"显然，在"独处"与"孤独"两个词中，前一个的定义是取决于认知，后一个则是表达悲伤、痛苦这种感受的绝对概念。没有人愿意孤独，但却有很多人满足于独处。

当然，如果涉及的是我们最爱的人，我们一定不愿意认为他们是孤独的。因此，我们会想到他们是在独处（没有其他人陪伴）的状态中，就不会那么令人害怕了，也更容易被人接受了。

● 心态

无论我们对独处的感受如何，独处都是一种心态。

有些人喜欢独自一人生活，他们珍惜那份属于自己的时间和空间；而另一些人则难以忍受自己一个人生活，他们需要感受到同伴的安慰。

对一些人来说，独处是一个暂停的机会和反思的契机：让他们从日常生活中的重压下解脱出来。而对另一些人来说，独处等同于不值得被陪伴，随之而来的清静则是令人恐惧的而绝非乐趣。

这就是关键所在：独自一人或独处是一种选择，而孤独不是。

"孤独者"标签

honjok是由"hon"(孤独)和"jok"(部落)这两个词组合在一起的,所以honjok经常被称为"孤独者部落"——这个词可能看起来很矛盾,因为一个部落是由很多人组成的,而不是只有一个人。

事实上，一个部落意味着一个社区或家庭以某种方式联系在一起，虽然这看起来与"孤独者"的标签不一致，但honjok群体通过一个共同点联系在一起，即他们渴望将时间花在自己身上，在这样的生活中，独处是一种值得青睐、值得赞扬的状态，他们绝不会对其表示反抗和拒绝，这种共性使他们组成一个部落。因此，虽然honjok群体可能会选择独居，但他们与其他许多志同道合的人分享相同的期望。

honjok群体逐渐成为当下社会的一个重要组成部分，并且这个群体的规模正在不断扩大，以至于现在韩国的单人家庭的数量比多成员家庭的更多。因此，"孤独者"标签的负面含义与honjok这个群体的更具积极性意义的特质不符。

孤独者	Honjok（孤独者部落）
被社会排斥/被遗弃	拒绝社会压力和结婚成家的传统期望
反感或避免与人接触	崇尚个人而非群体的生活方式
饱受孤独之苦	喜欢将时间花在自己身上
缺乏满足感，逃避而不是努力奋斗	专注于自我实现，认为这是一种比寻求外部支持及认可更重要的人生发展方式
孤僻和内向	可能是外向的人，但更喜欢自我陪伴
因切断了与外界的联系而缺乏同情心	因懂得沉思和独处而更具有同理心

长期以来,"孤独者"的概念一直是负面的、悲惨的。在我们生活的世界里,团体生活和归属感被视为人类与生俱来的重要需求,因此,关于孤独者的看法与社会所倡导的有利于社会发展的观念形成了鲜明的对比。孤独者的标签描绘了一种反社会的、没有朋友的、没有社交生活的人——一种孤独的隐士,无论这是出于个人选择还是由环境造成的。孤独者被视为弃儿,要么被社会排斥,要么选择完全避免与人接触,他们生活在社会的边缘。鉴于人类一直以来都是社会性动物,成为一个孤独者往往会被判定为"怪异"或"离经叛道"的。

然而,这样的标签与越来越多 honjok 群体所选择的积极的独行者生活方式形成了强烈的反差,这种生活方式不仅没有削弱他们的自我发展能力和满足感,反而让他们得以实现自我价值。事实证明,独行者的生活方式也有利于提升人类的创造力和创新能力。

成功的孤独者

尽管因选择独处而备受谴责,但仍有许多成功的"孤独者"为使世界变得更美好而做出了重大贡献。值得注意的是,许多人将自己的成就归功于"与世隔绝",因为在没有他人的干扰和噪声的情况下,他们可以专注于思考和阅读,从而产生灵感,提出具有创造性的想法。确实,在没有他人干扰的情况下,人们更易于汲取知识、收集灵感、理清思路。

从享受独处的艾萨克·牛顿(Sir Isaac Newton)到发展出相对论的阿尔伯特·爱因斯坦(Albert

Einstein），今天的很多创意天才可能都过着独处式的生活。爱因斯坦说过："做一个孤独的人。这样你才有时间去怀疑，去寻找真理。要怀有神圣的好奇心，让你的生活富有价值。"此外，巴勃罗·毕加索（Pablo Picasso）有句名言道："没有伟大的孤独，就没有严肃认真的作品。"

> 没有伟大的孤独，就没有严肃认真的作品。
>
> ——毕加索

孤芳自赏

无论是在恋爱中还是处于单身状态，我们每个人都有可能会在生活中的某个时刻感到孤独。这是一种普遍现象。但究竟什么是孤独呢？一般来说，孤独感源自缺乏社交支持。这是人们在独处时所产生的一种不舒服和不愉快的情绪反应，与一个人渴望的社会接触程度和实际达到的社会接触程度相关。孤独感是人们在独处时仍能收获满足感的对立面，这是一种社交性痛苦，一种未被满足的社交需求，一种因缺乏与他人交往而产生的焦虑感。

孤独是一种空虚感,它只能被人与人之间的联系所填满——无论是与他人的联系还是与自己的联系。而独处则恰恰相反,在一个"所有事物都远离"的世界里,它创造了一个自我滋养的空间。所以,独处可以使人获得慰藉,但一般孤独却是比较痛苦的体验。

具有讽刺意味的是,科技的进步使我们在进行最少的人类互动,甚至是在不需要人类互动的情况下就能满足各种需求。矛盾的是,如今我们有能力与比以往大得多的社交网络进行连接,而这样一来,尽管强化了虚拟连接,却会让我们的人际交往体验变得更少,由此产生了更多的孤独感。

孤独也可能是由一种情境或氛围造成的,因此可能是短暂的。丧亲、分手、退休、搬家或换工作都可能导致情境性孤独,与家人疏远、作为单亲家长与成年人接触较少，或因残疾和健康状况不佳等原因而无法与人见面等也会导致这种情境性孤独。假设你搬到了一个新的城市，当你的伴侣外出工作，留下你独自一人时，你可能会感到一种情境性的孤独，但这种感觉终究会过去。

然而，如果孤独感变成长期性的——心理学家将其持续时间定义为连续两年以上——就会给人带来心理、生理上的健康风险。

孤独是自我的匮乏，独处是自我的丰富。

——梅·萨藤（May Sarton）

● 一种不健康的感受

虽然独处可以给人们的健康带来积极的影响,但研究发现,孤独感会损害我们的健康。有报告指出,孤独感对我们健康的负面影响与吸烟或肥胖的危害一样糟糕。因此,2018 年,时任英国首相特雷莎·梅(Theresa May)发起了第一个全国性的消除孤独感的运动,称孤独是"我们这个时代最大的公共健康挑战之一"。英国国家统计局的研究表明,16 岁—24 岁的年轻人比那些年龄较大的群体更容易感到孤独,同时,相比于那些健康状况良好的人,健康状况不佳的人会更加频繁地感到孤独。

孤独会导致焦虑和抑郁,而抑郁会使患者更不愿意参与社会活动,这会进一步导致社会交往的缺失,并使孤独感加深，形成一种恶性循环。而且，人们为自己的孤独或抑郁情绪感到羞耻，因此，他们会放弃积极主动地寻求可利用的帮助。

然而，具有讽刺意味的是，因为这些原因而感到孤独的人却并非经常独处（当然也有其他原因导致的孤独）。事实上，据统计，在过去的一年里，全英国有5%—10%的人感到孤独，其中，尽管年轻人正使用着更广博的网络资源，但与中年人相比，他们在生活中更会感到孤独和被孤立（老龄化和心理健康调查，2019年2月）。

● 缺乏联系

然而，你并不是在独处时才会感到孤独。孤独感源于与外界联系的缺失,而并非源于没有他人的陪伴。因为当我们身处人群中时却有可能依旧感到孤独,而独自一人时却能默默地感到满足。

同样,即使是在恋爱中,我们也可能会感到孤独,即使身边有朋友相伴,孤独也可能是挥之不去的感受。当你感到孤独时,就会渴望陪伴,而不论此时是否有其他人围绕在你身边,你依然会感到孤立无援。这就是为什么经历过孤独的人常说,即使身处人群之中,也依旧感受到了那种从未有过的极致的孤独。

反过来说,你完全可以做到独处,但仍然可以感受到与他人的联系并接收他人的支持。当你意识到你的人际关系能给予你鼓励和支持时,你就会对独处的状态抱有更好的期待。同样,如果你没有庞大的人际关系网来支持你，你仍然可以做到自给自足并感到快乐，独处根本不会让你感到孤独。这就是honjok"一个人的部落"带给你的感受，然而，如果你真的感到孤独，你能对此做些什么呢？

消除孤独

想缓解孤独带来的社交痛苦，你需要外出寻求和发展社会关系，与此同时，也要学会更好地与自我进行连接。另一方面，你并不需要通过和大量的人接触来减少孤独感。研究表明，生活中，我们只需要有一两个能让我们做自己的朋友，就能获得足够的社交性支持和与外界的联系。

● 应对孤独

承认孤独是摆脱孤独的第一步。一旦你接受了自己正感到孤独的事实,你就可以采取一些小的步骤来逐渐实现改善,比如:

● 学习如何更好地与他人互动来获得信心;

● 在网上与志同道合的人建立联系;

● 参与当地的课程或团体活动来促进社交互动;

● 做义工有利于你结识新朋友,而且帮助他人可以促进心理健康,提升幸福感;

● 养一只宠物,进行宠物治疗或是开展"动物辅助治疗"的调查研究;

● 通过进行自我同情和自我接纳的干预,学会欣赏自我陪伴这种生活方式。

为你定义孤独

虽然一些具有创造力的思想家可能会通过独处来集中精力,以创造出最优秀的作品,但并非所有具有创造性的人都会这么做。正如一些外向型的人,虽然能够在集体活动中做到如鱼得水,但也未必喜欢一直与他人待在一起。事实上,人类的性格特质处于一个波动范畴中,其中包括了内向和外向。即使是最安静的内向者和最开朗的外向者,也不是百分之百只属于一种性格类型。

或许，最好的评估方式是思考当我们作为个体时是如何感受到孤独的。

● 独处时你感觉如何？

● 独处让你感到痛苦还是愉悦？

● 独处是否能让你自由地做自己，摆脱因考虑他人而导致的限制、妥协和局限？

● 或者，独处是否让你感到恐惧、孤单、不招人喜欢和不值得被陪伴？

● 独处会让你感觉放松、高兴，还是焦虑、不安？

● 哪种程度的独处对你来说是合适的？你每天需要多长的独处时间？或许你在独处的时候会感到舒适，但你却不能接受太长时间的独处。在这种情况下，多长时间会让你感觉太长了？是不是要你能通过手机、短信或其他社交软件与他人交谈，你就不会介意花几个晚上来独处？

● 你需要多久进行一次社交活动？对你来说，每天都能面对面地与人交流是不是很重要？或者，你在连续几天甚至更长的一段时间里都没有进行直接的社交联系的情况下，能依旧保持心情愉悦吗？

● 依赖性

有一种方法可以界定孤独对你的影响程度，那就是思考通常情况下你是比较具有依赖性的人、独立的人，还是需要与他人相互依赖的人？你是否依赖他人的帮助？你是否变得需要依赖于他人的陪伴？你倾向于优先考虑自己的需求还是他人的需求？或者，你是否需要被他人依赖？

如果是后者，你可能具有一些需要与他人相互依赖的倾向，当你的身边没有人需要你而你必须独处时，这种倾向可能会影响你的感受。当你认为在其他地方可能正有人需要你时，你就会对自己独处的状态感到内疚，这时候你应该提醒自己——你并没有因为将时间都花在了自己身上而抛弃了任何人，相反，你可能解放了他们。

对他人的依赖可能是源自无聊，因为你不知道该如何自娱自乐。也可能是因为和他人在一起会让你感觉更安全，因为你可以逃避焦虑或摆脱缺乏自我价值感的情绪。因此，你可能会发现自己一直在寻求他人的肯定与认可，并且认为你无法给予自己应有的自我认同感。

也许你花费了大量的时间和他人相处,所以养成了需要他人陪伴的习惯,这种情况并不少见。你不知道该如何独处,虽然在最初这可能是一件很有挑战性的事情,但只要迈出一小步,每天用 10—20 分钟的时间来独处,在这段时间内参与愉快的活动来充实自我,你就能很容易地克服这个困难。

独处但不孤独,当你享受这种情境的时间越长,你的心态就会愈加转变;你会重新建立你的神经通路和信念系统,把独处看作是一种积极的体验,而不是消极的活动。

● 独立性和相互依赖性

也许你不愿意接受他人的帮助,也许寻求帮助会让你觉得自己在某些方面能力不足。如果是这样的话，请记住，寻求帮助或建议并不是弱点。每个人都有需要帮助的时候，大多数人都喜欢为他人提供建议和帮助别人，尤其是在他人向自己求助的时候。

或许，你更倾向于相互依赖，这意味着你能与他人进行良好的合作。在一定程度上，我们所有人都是相互依赖的，即使是 honjok 群体也不例外，我们都依赖他人提供的自来水和售卖的食物。作为孩子，我们需要他人帮助我们去学习如何生活，所以我们依赖于父母，直到我们在经济、心理上都获得独立。通过这种方式，我们相互关联，依赖于他人所提供的食物和产品，从而维持生存。

当我们实现完全的自给自足——自己种植食物、自己铺设水管，过着不用与人接触的生活时，我们才能真正把自己从相互依存的世界中解放出来，完全独立于他人地生活。然而，这是一种极端状态，而 honjok 的生活并不是要创造一种避免与人接触的隐士生活。

换一种说法，honjok 的生活方式是选择改写规则，抛弃对婚姻、工作、家庭的社会期望，选择自我实现和个人主义，从而在没有他人的限制或妥协的状态下，过上最充实的属于自己的生活。

单身生活

另一个考虑因素则更为实际，即孤独对你的影响。例如，理财、旅行和外出就餐是情侣和家庭经常选择的活动。同时，如果你是独自一人的话，参加聚会也会变得很麻烦。也许你会觉得,如果你独自参加社交聚会,就会有朋友不断地为你牵线搭桥,让你结识其他单身人士。如果是这样的话,你可能会遇到一个处境相同的"朋友",和你一起面对这种状况,或者你也可以让聚会的组织者知道,你单身一人也很快乐。

当我们独自外出时,我们要了解自己对各种情况的感受,这对我们享受 honjok 生活而言是非常重要的。值得庆幸的是,在韩国和世界上其他地方,honjok 文化发展迅猛,使餐厅开发了越来越多样的单人餐桌,为那些单独行动的人提供了更多的选择。

内向与外向间的谱系图

虽然很多内向的人确实喜欢一个人待着，但这并不是内向者的专属喜好。并不是只有内向者才会享受独处的时间，就像喜欢与人打交道不是外向者的专利一样。内向者同样能享受他人的陪伴，只是他们倾向于选择小团体以及更紧密的联系，而不是任何人或所有人的陪伴。有的内向者较为内敛，会三思而行，有的内向者在社交场合则会显得拘谨。显然，对内向者和外向者的喜好，没有一个放之四海而皆准的定义。例如，你可能是一个外向型的人，喜欢成为众人的焦点，但也觉得有必要每隔一段时间就把自己从人群中抽离出来，享受一段独处的时光。

美国西北大学的心理学、人类发展和社会政策专业的教授丹·麦克亚当斯（Dan McAdams）博士认为："外向/内向是一个连续的维度，就像身高和体重一样。在这样的维度表格上，有一些人的得分是相对极端的，比如很胖的人，或者很高的人，或者在外向型特质上得分很高的人——但大多数人处于这些钟形曲线的中间段。"

大胆而开朗的外向者往往乐于参加繁忙而多样的社会活动，成为人们关注的中心。相反，内向型的人往往比较矜持、安静和慎重，他们把时间投入到独处或由亲密朋友组成的小团体中。中向性格介于两者之间，处于谱系图的中心，他们的社交灵活性意味着不论是否与周围的人相处，他们都感觉自如，并在倾听与交谈之间取得平衡。

中向性格的人可能不太喜欢独自做事或团队任务，

或者他们可能稍微倾向于选择其中之一。因此，虽然他们在大多数社交场合，甚至是繁忙且人很多的环境中都能感觉舒服，但他们也可能会在持续地与人交往后感到疲惫，经常寻求独处的机会作为一种自我充电的方式。他们可能相当享受偶尔成为众人焦点的感觉，但不希望长期如此。

但是，内向不仅意味着害羞或选择独处。事实上，只有一种类型的内向与害羞有关，那就是人们因为感到焦虑和尴尬而选择独处或进行小群体式社交。在其他类型的内向者中，有的是行动节奏较慢，有的是喜欢深思熟虑和内省的白日梦想家，他们的行为倾向和喜好并不固定。

美国畅销书《安静：内向性格的竞争力》的作者苏珊·凯恩（Susan Cain）2012年在TED演讲中描

述了外向者和内向者的区别:"(内向)不等于害羞。害羞是对于社会评价的一种恐惧;内向更多的是关于你是如何应对刺激的,包括社会刺激。外向的人渴望大量的刺激,而内向的人会觉得自己在安静、低调的环境中,才是最有活力、最开朗、最能干的。但情况并非一直都是这样,有些事情不是绝对的,但很多时候都是如此。"

首先我们需要了解什么样的刺激适合我们。了解自己的性情很重要;清楚自己在内向/外向谱系中的位置,以及你需要多少刺激,这样你就能更加有效地激发自身的活力而不是消耗自己。那些接受honjok生活方式的人知道,花时间独处能让自己充满活力。现在轮到你来发现,你的个性揭示了什么,即你需要什么程度的孤独感。

你是内向型、外向型，还是中向性格者？

找到你在内向-外向谱系图中的位置。

如果你的回答大多数是 A，你倾向于内向型性格；

当和不认识的人交谈时，你觉得：

A. 尴尬

B. 精力充沛

C. 取决于对方的情况

你进行自我充电的最佳方式是：

A. 抓紧时间独处

B. 与一群朋友或陌生人交往

C. 在独处时间和与亲密好友相处的时间之间取得平衡

你觉得自己在什么时候的工作效率最高？

A. 独自在一个安静祥和的空间里工作

B. 在繁忙的咖啡馆或办公室里工作，需要接受外界的刺激

C. 在这两种环境中都能高效地工作

你身边最亲近的人认为你是：
A. 安静而矜持
B. 外向而健谈
C. 有时外向，但有时也会很安静

如果你外出社交，你更愿意把时间花在：
A. 与一个好朋友进行深入的交谈
B. 和一群人聊天，包括陌生人或者之前没有见过面的朋友
C. 取决于你的心情，但最好是两者兼而有之

与刚认识的人交流时，你倾向于：
A. 说话最多
B. 倾听最多
C. 在说话和倾听之间取得相对的平衡

当周围有其他人的时候，你宁愿：
A. 融入背景中
B. 成为聚光灯下的焦点
C. 你很乐意成为众人的焦点，但不希望长时间如此

你更愿意沉浸在：

A. 一本好书里

B. 一部好电影中

C. 取决于你的心情，但书和电影你都喜欢

与其他人在嘈杂繁忙的氛围中相处一段时间后，你感觉：

A. 无精打采，被他人无视，没有存在感

B. 精力充沛，所向披靡

C. 大多数时候精力充沛，但如果时间太长就会感到疲惫

做决定时，你是：

A. 谨慎的

B. 敢于冒险的

C. 你花时间权衡利弊，并乐于在知情的条件下冒险

在一周结束后，你倾向于感觉：

A. 缺乏刺激，无聊乏味

B. 压力过大，不知所措

C. 这取决于这一周过得怎么样

当被别人包围时,你倾向于:
A. 观察和倾听
B. 引导并开始对话
C. 加入其中

你更喜欢:
A. 花时间做些白日梦
B. 忙碌充实,积极进取
C. 两者皆有

当你需要明确自我在社会上的立场时,你觉得:
A. 困难
B. 容易
C. 视情况而定

孤独会:
A. 让你充满活力
B. 让你感到厌烦或者让你感到迷茫
C. 大部分时候让你充满活力

如果你的回答大多数是 B，你倾向于外向型性格；

如果你的回答大多数是 C，你倾向于中向型性格；

如果你的答案是 A、B、C 的组合，你很有可能是一个中向性格者。

你属于哪种类型都不重要，最重要的是你如何利用这些信息来安排独处时间和社交时间。

多巴胺刺激

荷尔蒙能让我们感觉良好，而多巴胺则关系到我们的社会性和孤独感。一些人的大脑皮层（我们大脑中负责意识性思考和语言的区域）中能够天生形成高水平的多巴胺刺激，他们倾向于避免产生进一步的巨大的刺激。

另一方面，那些多巴胺刺激水平较低的人可能会表现出更多的外向倾向，因为刺激不足会使他们感到无聊，这意味着他们需要通过社交互动来寻求额外刺激，以产生更多的多巴胺，从而获得良好的感觉。对外向型的人来说，为了平衡体内这种让人感觉良好的化学物质，可以多参加其他能提供多巴胺刺激的活动。

与自我的性情相适应

记住，我们每个人都有需要独处的时刻。对那些性格外向的人来说，脱离他人的陪伴以寻求独处可能是特别困难的事，你们天然地需要通过他人来感受能量，这完全没问题。而对那些通过独处才能获得更多能量的人来说，一个人待着是很容易的事。在需要社交的场合，你们可能会面临挑战，这也没关系。在这件事上要对自己宽容一些。

无论你处在内向／外向谱系上的哪个位置，以下思考可能会有利于你与自我的性情相互协调适应。

- 关注你的身体在社交活动前后的感受，这样你就能更多地了解自己真正的需求。调节你的身体，意识到你是如何控制自己的——你的肩膀和脖子紧绷着吗？你是否感到拘束？这将帮助你学习如何培养平静的心态。

- 思考在与人接触的前后，你是如何增强内心建设的。也许在外出前播放音乐能让你感到内心的强大，或者在冥想中反思也能达到这个效果。

- 当你要参加一些会消耗自我的社交活动时，可以事先做些具有安抚作用的活动，比如洗个澡、点根香薰蜡烛、在树下坐会儿或者看会儿书——可以用任何能让你重回平静的方式。有意地采取行动来平复你的神经系统，通过这一过程，你也可以更深入透彻地认识自我和自我的需求。

- 如果独处对你来说很痛苦，可以试着慢慢开始你的独处过程，也许每次只持续了几分钟，但随着时间的推移你会产生更高的容忍度。有意识地练习独处，这样你就可以训练自己如何在不得不独处的时候也能感到舒服。通过练习你才有可能找出最能令你的身体和心灵感觉舒适放松的方法，你可以将这些练习与写作、艺术创作等触觉体验相结合。

- 培养与自己做朋友的想法，这样一来，即使是在你不得不独自一人的时候，你仍然会感觉良好。如果你是一个渴望被他人需要的人，更应该思考如何照顾自己，提醒自己，你也需要自己的关怀并在独处时珍惜进行自我照顾的时刻。

- 将你所有的社交时间都花费在那些能与你建立更深连接的人身上，那些人是真正能看到你、听到你的心声并欣赏你的人。如果你在他人的陪伴下也依然感到孤独，这是特别有用的做法。因此，你要考虑如何与懂得你的人加深联系。如果你认识的人都无法做到这一点，可以考虑加入一些本地或网上的团体，认识新朋友，包括和你有共同兴趣爱好的人。

归属感

人与人之间的联系对人类来说是非常重要的,因为我们天生就是以部落群居为生。归属感是人类不可或缺的需求,而心理学家早已认定,如果我们想要获取幸福感,与他人建立支持性的关系是至关重要的。不过值得注意的是,一两段重要的关系就已足够,最重要的是我们关系的质量,而不是数量。

● 发展更深层次的关系

有人认为，凡是享受自我陪伴、过着单身生活的人必定缺乏维持强大关系的能力，这是一种谬论。实际上，事实恰恰相反。过着 honjok 式生活的人表示，在度过高质量的独处时光后，他们与其他人的关系变得更深入也更真实。这是有道理的。当你投入足够的时间来独处时，你就能更好地调整自己的想法和感受，并磨炼自己的倾听能力。这种超强的自我认知水平和自我意识的结合，再加上经过训练的倾听能力和同理心技能，可以为建立更深层次的联系打下坚实的基础。更重要的是，你对自己是谁以及你想从生活中得到什么的了解越多，你就越能知道谁对你的感觉与你自己的感觉最具有一致性。

● 正确的连接

获得支持感是感知幸福的一个重要因素,但重要的是要选择正确的人——选择那些让你感到被拥抱而不是孤单的人。有时,我们与他人的联系是虚伪的,比如基于外貌、年龄或世俗成就等表面因素而建立的人际关系,而并非触及我们是谁以及我们永远不会改变的特质的深度关系,这样的联系可能会令我们感到孤独。

想想人们在社交媒体上呈现生活的方式,我们看到了其乐融融的家庭景象和漂亮的度假照片。我们通过社交媒体上发布的图像来呈现我们自己的故事,表现我们是谁,它让我们在连接的假象下,感到安全并保持与他人之间的疏离感。但是,如果我们把注意力

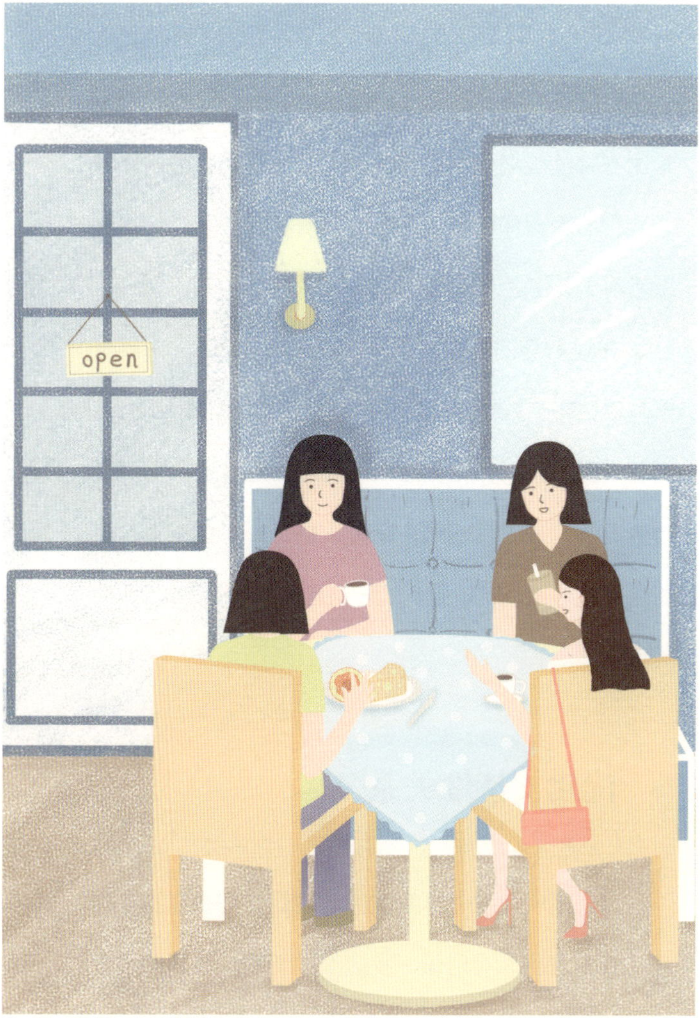
open

集中在那些能够真正看到我们和听到我们心声，并且与我们有着深厚联系的人身上，或者那些令我们感觉联系得更紧密的人身上，结果会如何呢？

不是所有的关系都是平等的。有些人际关系具有支持性，能产生滋养和鼓励作用，它们能使你茁壮成长。而另一些人际关系则具有破坏性、压迫性、麻木而冷漠或令人沮丧。后一种人际关系是带来多重压力与挫折的源头，或许这也是人们转向选择 honjok 式生活的原因之一。

优化支持性关系

审视你生活中的人际关系，想想它们是在滋养你还是在消耗你。有时候，我们太过于关注自己的过去和对人际关系的忠诚，以至于忽略了我们在关系中的幸福感。请记住，我们在早期形成的依恋关系只是基于生存而产生的，而并非基于对我们的滋养：一旦你能花些时间思考这个问题，你就可以在对待你的人际关系时变得诚实一些——哪些关系滋养了你，哪些关系在消耗你。这意味着我们可能需要让一些人离开。

• 安排一些高质量的时间与那些能鼓励你的人相处，而不是与那些让你备受打击的人共处。考虑一下你能做些什么来帮助你加深那些有益于你的人际关系，在邮件中向他人发送鼓励性的文字和礼物，或者开展一些你们都喜欢的活动，比如参加一个夜间艺术课程或一起在大自然中散步，这些都是有效的做法。

- 学会倾听。在倾听他人时，做到全神贯注，保持与对方的目光接触，提问并对谈话内容表现出兴趣。当他人与你分享他们的好消息时，邀请他们重现这段美好的经历。当他人向你讲述他们的坏消息时，尝试点头示意并练习对其抱有同理心。

> 我以我真实的模样存在，这就足够了。
>
> ——沃尔特·惠特曼（Walt Whithman）

● 你最重要的关系

作为社会性动物,我们的进化依赖于我们在群体中所开展的团体性生活和工作。然而,现在 honjok 群体的数量正在迅速增长,如果你选择追求这种独居的生活方式,现在,你就可以从这种社会现象中得到安慰:honjok 群体中的人都热衷于自我陪伴,并在大部分时间里选择独自生活。你属于 honjok 这个群体,这或许就足够了。

在日本,"honjok"被称为"ohitorisama"(一人行)。为了适应这种趋势,商家们也纷纷调整了自己的产品和服务,他们发现很多顾客都是独自前来的,因而卡拉 OK 连锁店、餐厅都开设了小型包厢。有些酒吧甚至改建为单人酒吧,由此推动了一人行活动的普及和发展。

我们都明白归属于一个群体意味着什么,也许是归属于我们的家人、朋友圈或一个团队,归属感和与人建立关系的需要是人性的一个基础部分。我们是具有社会性的人,然而,我们所属的部落或团体可能是暂时性或过渡性的存在。在我们的生活中,人们来来去去。最亲密、最稳定和最持久的关系是你与自己的关系。

● 自婚

并不是所有的关系都能长久存续,但与自我相处的这段特殊关系会一直存在。所以,这段关系是值得珍惜的,我们甚至要为它庆祝。这就是所谓的自婚或"与自己结婚"。自婚,虽然没有经过法律认可,但却是实实在在与自己结婚的行为。婚礼上会许下关于自尊、自信和自爱的誓言,人们可以独自举行仪式,也可以在朋友和家人的陪伴下举行仪式,这与其他较为传统的婚礼仪式类似。

对很多人来说,这只是一种对自己说"是"的行为——接纳自我的庆典;这象征着一种承诺,你骄傲地宣称拥有你自己就足够了。

自婚是一种彻底的自爱行为,也是一件关于自我珍惜的事情。它提醒我们,在恋爱关系之外,我们仍然可以找到满足感,过上有意义的生活。但这并不是一种自恋的行为,反过来说,我们越能够向自己表达爱,就越能更好地接纳、喜爱和理解他人。《我和自己结婚了》的作者索菲·坦纳(Sophie Tanner)说,她在

2015年进行的自婚行为是一种"自我同情下的承诺":"培养一种自我价值感,而不是安全感,这会让你拥有更强的人际交往能力。"

有些自婚主义者已经不再与人约会,不再寻找自己的灵魂伴侣,将注意力和精力集中在满足他们个人需求的事情上。然而,另一些自婚主义者则只是在没有找到同伴的情况下才肯定自己的完整性。

自婚的核心是要认识到自己完全有可能获得充分的快乐,但这并不一定意味着你要放弃所有其他人。此外,这也涉及构成幸福关系的标准是什么,以及肯定自己的价值——作为一个独立的个体,就像过honjok式生活的人一样。

抛开自婚主义不谈,如果我们接受我们只属于自己的概念,我们就有可能获得更深层次的满足感。只

第二章　心境：孤独还是独处？

有当我们花时间进行自我反省时才能真正地实现这一点。

这是一个过程，在这个过程中，你可能会遭遇挑战，比如你需要努力摆脱生活中的干扰或者努力兑现你探索内心世界的承诺。但是，我们值得花费时间来完成目标。关键是，我们要转变心态，不再把独处的时间看成是一种匮乏，从认为"没有"他人的陪伴转化为认为那是一种自我"陪伴"，这样我们才会感到充实而不是缺憾。

第三章

反省的艺术

独自沉思

当你独自一人的时候，你可以沉浸在自己的思想中，倾听自己的心声。我们可以在自己的内心深处找到所有我们想要知道的答案。独处刚好是个调整自我、倾听自我的机会。因此，独处为我们提供了发展自我意识的空间和思考的时间。这些思考时间可以帮助我们：

- 深入挖掘我们的内在直觉和真相，从而使我们做出更好的决定；
- 沉思并回答我们急需破解的问题；
- 了解我们是谁，以及我们需要什么才能茁壮成长。

独处还可以让我们探索和注意自己的行为模式——我们如何对各种情况做出反应和回应,并想办法调整自己的行为,以期将来做出更好的选择。这样一来,独处可以成为一种有用的自我提升的工具。此外,独处还浇灌了我们思维的新苗,促使我们成长。

这种进行沉思的生活方式是 honjok 带来的礼物之一——返还我们本身固有的力量,重新定义那些对我们来说真正重要的东西。

高效地利用时间

瓦尔登、伽利略、苏格拉底、梭罗等人都清楚自我沉思时间的价值。再想想一些伟大的佛教徒以及那些他们在冥想时所创作的伟大作品。

第三章　反省的艺术

　　与认为沉思是浪费时间的传统观念相反，投入精力进行自我反省可以有效地培养自我意识和同理心，使你更好地了解对你而言什么是最重要的，从而将时间投入这些你认为重要的领域，有效地利用时间，避免了时间的浪费。由此，你可以决定你融入这个世界的程度，发现你在什么时候迷失了自我，以及平衡点在哪里。

　　有多少次，我们因为在意外界对我们的期待而迷失了自我？什么时候我们嘴上说"是"，但真实的想法却是"不"？我们又该如何规划我们的时间呢？反省的艺术将我们本身固有的力量返还给我们，用以高效地安排时间，使我们的付出换来最大的回报。

　　用独处的时间来思考这些问题，会让你意识到你是如何积蓄能量和时间的。你不再只是跑来跑去，忙于检查你还有多少待办事项,你更是你的自我领域和生活的领导者。这时,是你在主动地安排任务,慎重地做出选择,并有意识地、独立地按照自我的意愿塑造生活。

你是否已经做好准备,重新掌控你的生活?

> 我喜欢独处。世间最好的陪伴,就是和自己相处。
>
> ——亨利·戴维·梭罗(Henry David Thoreau)

真我与假我

与自己建立关爱性的关系实际上是一个自我赋能的过程,也是我们最终走向完整的基础性的一步。因为在充满善意和爱的关系中,真实的自我就会自然而然地出现。

你不再需要为了迎合他人而继续用那些不适合自己的模式和反应策略——这也是 honjok 生活的核心所在。你不再需要符合社会、文化和基于性别所设立的期望和刻板印象。

现在,最重要的是,作为一个独立的个体,对你而言究竟什么才是重要的,而并非是对整个社会而言。你不必再接受他人的操控,可以自由地探索你内心的渴望,遵循真正意义上的自我支配。这就是自我反省和冥想沉思的价值所在。

你可以做真实的自己,而不是生活在一个消耗自我能量的地方——在那里,你努力成为你认为应该成为的人,而不是做真正的自己。停止消耗自我,追求真我,这就是 honjok 的价值。

苏珊·凯恩在她的《安静》一书中,鼓励我们解放自我的天性。"忠于自己的本性。如果你行事沉稳，不急不躁，就不要受别人的影响，认为自己必须与其他人赛跑；如果你喜欢探索深度，就不要强迫自己去寻求广度；如果你更喜欢完成单线任务而不是多重任务，就坚持自己的想法。相应地，如果你不在乎功利的回报，你就拥有了一种不可估量的力量，去走属于自己的道路。"

> 在喧嚣的都市生活中，我学会了沉默。我随遇而安，无论走到哪里，我都是真切的自己。
>
> ——松尾芭蕉

沉重的期盼

成为管理自我的专家是一个赋能的过程,这并不意味着你要完全否定其他人的观点和反馈,而是意味着你理解并勇于表达真实的自我,即便真实的你可能并不受欢迎。我们总是很容易说出一些虚假的话以迎合他人对我们的期望,仅仅因为这些话对他人有效,这并不意味着它们也适用于我们自己。

虽然意识到社会中那些"应该"做的事情是很重要的,但更重要的是意识到并接受我们真正的身份。正如我们总是关注他人期望我们成为什么样的人,我们也可以投入身心去研究我们应该如何向他人展示真实的自己。

在社交媒体上,人们都尽可能地展示自己最美好的一面，而隐藏自己糟糕的一面。这些都不是真实的呈现。在社交媒体上并未展现出真正的自我，然而，我们却由此丧失自信心。我们会与他人比较，心生绝望。那么，我们该如何应对这种情况呢？

培养自我意识和学会自我接纳能帮助我们做到这一点。只有当你认可自我并由此感到自身的强大和安全时，你才不会被其他人的力量所削弱。这种适应力能让你充满信心和活力地应对生活的挑战，而不是被限制和恐惧裹挟。

了解自我

与自我的关系是我们生命中持续时间最长的一段关系,尽可能地了解自己是谁是极具意义的。

通过独处，我们可以给予自己应有的关注度。通过自我反省，我们能够以我们一直期望他人对待我们的方式来回应自己。随着自我意识的增强，我们能够更加清楚地意识到自己的动机、冲动、不安全感、需求、感觉、欲望、激情和担忧，而这些往往会随着时间的推移而变化，因此，我们需要对其保持持续性的关注。如此，我们才能对这些变化做出敏锐的回应并给予更多关怀。

被影响的信念

我们每个人的内心都有一套理想信念，它关乎我们是谁——我们的特质、喜好、优势和缺点。形成这些信念的基础是我们在人世间所学到的直接经验。同时，我们的家庭、文化观念和社会期望也塑造了我们。

不幸的是，我们惯于接受自己固有的信念，而不去质疑它们是否完全准确。也许你追求的职业只是符合了他人的期望，你并没有考虑这个职业是否能给你带来快乐。也许你参加了很多聚会，因为你的家庭更看重社交活动。你可能感到很疲惫，却没有反思那种不断与他人打交道的生活对你来说是否真的很重要。那么我们如何才能知道自己的信念是否真的出于自己的本意呢？在没有任何外界影响的情况下，我们真的了解自己是谁吗？想要真正了解自己的唯一办法就是，花时间独处，从而培养自我意识。

自我反省

质疑自己的信念并倾听内心的答案，不仅需要静思苦想，还需要有勇气去质疑你接受过的教育。通过这个自我反省的过程，你可以：

- 问问自己，哪些信念是来自于外部环境，哪些才是来自于你真实的自我。花点时间来重构信念，让它们变得更准确；
- 探索你更深层次的目标和激情，了解是什么让你感到快乐；
- 找到自己的特长，认识自己的优势；
- 倾听并尊重你的内在直觉，让你的决定与真实的自己产生共鸣；
- 尝试更深入地了解对你来说什么是最重要的；

- 依靠直觉来深入了解更深层次的自我；
- 注意你的行为模式和对外界做出的反应，努力远离那些正在消耗你的人。

你是谁？

- 是什么造就了你，是你自己吗？你的长处和弱点分别是什么？
- 你希望培养哪些长处？
- 列出让你备受压力的"应该做的事情"和他人对你的期望。
- 这些与你想要展现给世人的形象是否匹配？它们是否符合你真实的自我？
- 你的信念和价值观是什么？

- 是什么触发了你的负面反应?
- 你注意到自己有哪些行为模式和倾向?

如果你从未独处,你就永远也接触不到真实的自我。

——保罗·柯艾略(Paulo Coelho)

你想要什么，又需要什么？

了解你自己真实的感受和想要的生活，会让你活得更加笃定。

然而，弄清楚自己真正需要什么可能是很困难的事。有时，你会很难区分你的需求和他人的期望。只有当你有意识地抽出时间，独自面对自己的想法时，你才能真正了解自己的需要。或许，当你拥有更多安静的、独处的时间来思考你想要的生活时，你的创造力才可能获得更大的发展空间。

本书的目的是让你转换视角，将注意力转向一个对你自己来说足够重要的领域，去思考自己真正的需求。当你像重视工作和外部影响一样地重视自己的内心世界时，你就能更好地了解自己是谁，并因此获得成长。

honjok 式的生活让你有时间去独自探索自己的需求，发现什么是最重要的以及为什么会这样。那么，让我们一探究竟吧：

1. 创造一个宁静的空间，让你能在独处时深刻地聆听内心的声音。这个空间可能是房间里一个安静的角落——放一把舒适的椅子或懒人沙发，再放上舒服的垫子、热茶、记事本和书。又或者，你喜欢待在大自然中，那你的宁静空间可能就在一棵大树下。

2. 问自己以下问题，深呼吸几次，听听自己内心的答案：

- 什么事物能激发你的兴趣？你喜欢做什么，以至于在做的过程中经常忘记时间？
- 对你来说最重要的是什么？如果你只剩下一周的

THE
ART OF
LIVING
ALONE

第三章 反省的艺术

生命,你想做什么,和谁在一起?

- 你所追求的是什么?归属感?被接纳感?成功?爱?自由?我们都会把"宝藏"视为值得拥有的东西,但这个东西对每个人来说都是不同的。
- 当每一天结束时,你希望有什么感受?
- 哪些活动会让你有这种感受?
- 你如何在这些活动上花费更多的时间,而在那些你感觉在消耗你的事情上浪费更少的时间?
- 是什么让你的生活有了意义和目标?

反思自己的答案,你想采取什么行动?你想做什么?你想庆祝什么?你想多做些什么,少做些什么?

察觉自己的感受

保持当下的状态并关注自己的感受,能够使我们洞察更深层次的自我,还可以帮助我们处理过去的伤痛、悲苦,然后获得成长。因为我们吸取了重要的教训,可以继续前行。

感同身受

当我们承认真实存在的感觉,而不认为它是坏的或错误的,或者试图修复、解决它时,我们就会建立起同理心。

我们可以利用独处的时间驱赶压抑的情绪,表达自我,而不是抛开负面情绪,或者将它们深埋在内心深处。通过释放自己的情绪,让情绪流转,我们才能最终战胜它并向前迈进。

1. 允许情绪存在,允许自己做出这种人性的反应。
2. 注意你身体的感受,关注它。身体的不适往往是一个信号,它让我们注意一些需要调整的地方,而不是在身体疼痛的时候,只是去吃止痛药,然后继续做我们一直在做的事情,不做任何改变。

3. 在你表达感受时,给它们贴上标签,比如"我感到悲伤……"或"这让我感到愤怒……"。事实证明,给感受贴上标签可以剥夺它们的力量,并帮助我们更快地克服它们带来的困扰。

4. 问问自己:"今天我需要什么?"也许是喝杯茶、和朋友打个电话,或到大自然中散步,这都会有所帮助。也许一个计划、解决问题的办法、经验教训或改变的方法都会让人感觉自己变得更积极主动。或者,也许仅仅是深入体会你的感受,就足以帮助你。

5. 恭喜你愿意花时间去倾听那些感觉所传达的信息。它们形成了一个预警系统,告诉你一些可能需要改变的事情。因此,你从自我探索中得到的指导可能会把你引向一个崭新的、鼓舞人心的方向。或者,你只是简单地意识到有些事情确实需要改变(即使你还

/ 119

不知道那是什么），就已足够。总之，只要你现在正在倾听自己的心声，这就是一个好消息。我们只需要培养自己倾听潜在信息的能力。

培养好奇心

建立以同情心和好奇心为基础的自我反省机制,而不是批判,这实际上是为自己竖起了信任的屏障,有助于强化我们以敬畏之心感知自己身体、情绪和思想的能力,然后做出相应的自我反应。

好奇心 VS 判断力

很多独自生活的人都在努力培养好奇心,这实际上与我们每个人的内在判断力是相对应的。这是一种对自己的身份持开放态度的行为,它摒弃了对什么是好的或什么是坏的所进行的先入为主的判断。

我们在生活的许多方面都面临评判——我们的选择、外表、生活方式、职业或社会经济地位。

带着好奇心而非批判的态度探索我们是谁,会让我们对自己的选择具有敏锐的辨别力,同时尊重自己和他人的个人选择。这样我们就可以问自己,当我们不害怕别人的评判时,我们可能会成为谁。

这促使你去探索这些问题,尊重自己的好奇心,忠于自我和直觉。首先,你会发现自己的本性而不加以批判,然后,你会学会如何与它共处。

● 实时的好奇心

对自己的感觉、想法和行为保持好奇心,由此,你为它们可能向你展示的东西设立想象的空间,而不是批判它们。

• 每天停顿一下,检查一下自己的心理、身体和情绪上的感受。

• 带着好奇心,在一整天的实时状态中观察自己,或是在一天结束时有意识地进行反思。注意哪些活动、评论、对话和思考会让你充满活力,哪些又让你感到疲惫,哪些让你感到苦恼、不安或焦虑,哪些会让你感到被重视、平静或自在?以上问题有利于你了解什

么能真正引起你的共鸣,而什么又可能给你带来伤害。

- 在不加批判的情况下,想想你可以做些什么不同的事情来支持自己。你如何摆脱那些消耗你精力的环境、对话或活动,以及如何将更多的时间投入到那些与你产生共鸣的事情中?

保持好奇心和开放的心态。我们需要用心去适应我们的内心世界和直觉经验,这样才能培养好奇心。通过不断地训练,我们还可以建立这种探究性的肌肉记忆。

按需生活

我们需要勇气去诚实地看待自己的需求。有时,我们的信念和判断会对我们识别自身需求的能力造成干扰，使我们错误地认为那些信念和判断是有效的；或者，我们会因为更关心如何满足他人的需求而使自己的需求变得扭曲。我们要超越自己判断的限制，永远对自己保持好奇心。

我们可能会认为自己的需求太多了，或许会成为他人的负担。想一想，我们该如何从自身以及我们的人际关系中得到我们真正需要的东西？我们是否会因为他人的需求而忽视了自我需求？当我们想为自己的需求哭泣时，是否会因为对此感到不妥而拒绝这样做？

一旦你了解了自己的需求，你就可以寻找更好的办法来照顾自己，比如你会在洗澡时哭泣，或者在车里尖叫。你可以考虑在不寻求任何解决方案的情况下，诚实地与他人分享自己的感受，从而让他人更清楚地了解你的需求。比如我今天对自己感到很生气，或者感到很难过。与其假装自己没事，不如练习如何感受脆弱。

成为自我人生剧本的作者

当我们选择如何解释发生在我们身上的事情时,我们是最强大的。要做到这一点,我们必须花时间独处,蓄积力量来重新塑造我们自己的剧本。我们每个人都有一些自我命定的剧本,它们塑造了我们的行为和对我们自己的态度,是贯穿我们整个人生的核心信念。当我们不再探索、更新它们时,它们就变成了默认选项。

例如，可能会有一些故事和信念使我们难以独处，尽管独处可能正是我们所需要的。例如，我们可能会告诉自己：

- 孤独意味着没有人爱我；
- 幸福来自于拥有一段婚姻；
- 我应该努力建立一些伙伴关系；
- 如果我要求独处，就意味着我在拒绝他人。

你需要勇气去摆脱一个人生剧本并生活在一个你不知道自己能相信什么的空间里，这样做充满了风险。当你允许这种空间存在并准备迎接人生的各种可能性时，你就能体会到真实的感受以及那些对你来说真实的东西。这个剧本——不管是你编的，还是他人给你写的——都可能形成一个合乎逻辑的结论，或者一度被视作真的。你不必一直证明它是真的，质疑和重构我们的剧本能让我们从旧有的限制中解放出来。只要你愿意放弃那些你认为自己已知的东西,你就能从你所知的事物中判断出究竟哪些对你来说才是真实的。

● 每个人内心的批判者

现代心理学理论认为,我们日常的大部分思考都是消极的自我对话。这源于我们固有的消极偏见,它曾经让我们不被部落所驱逐,避免潜在的危险伤害,当时,成为部落中有价值的一员是我们生存的一部分,毕竟危险潜伏在各个角落。然而,随着人类的进化,我们的大脑不再需要把注意力集中在负面的判断或担忧上。但我们持续不断的自我对话每天仍然在指导着我们产生什么样的感受和如何做出选择。

在判定自我价值的时候,我们都会产生危机感,特别是当我们在进行消极的自我对话时——我们会为任何出错的事情谴责自己,如果我们没有达到上司或家人的期望,就会觉得自己很失败。这很容易陷入一个死循环:我们反思自己的错误,推测自己所做决定的后果,却进一步暴露了我们的不足之处。独处的好处之一就是有足够的时间去聆听自己内心的声音,这样就可以减少(或至少重新定义)消极的自我对话。

与内心的批评者共处

安静地坐下来写写日记,不要有任何杂念

不要进行自我审查,把你的思绪记录在纸上,看看会展现出什么。你在告诉自己什么？在你对自己进行评价和责备的时候，最让你关注和介意的是什么？是需要他人的帮助？不整洁？犯了错误？不够苗条、健康、有趣、善良、聪明？不要评判自己的这些方面——只要把它们当作你朋友的故事就行了。我们都会告诉自己关于自己是谁的故事，但它们是真实的吗？那些不断重复的想法可以成为坚定的信念，但它们往往是不准确的，是由我们的家庭、同龄人、老师和整个社会长期灌输给我们的。

想想是什么让你树立了这种信念

为什么会设定这样一个剧本，你为什么会相信它？通过探索这些负面的声音以及它们的来源，我们会发现，许多想法都源于他人告诉我们并希望我们相信的东西。

对你的想法进行评判

试着反驳你消极的自我对话。审视每一个想法，搜集支持它和反对它的证据，哪怕只有一个证据能表明它可能不是真的，你都可以考虑停止这些想法，这样你就可以重构它们。

重构那些可能具有争议的想法

你可以思考："还能从什么角度看待这件事呢？"例如，如果你消极的自我对话是"我是个糟糕的朋友"，那在找到了相反的证据后，比如"我给朋友发信息的频率和他们给我发信息的频率一样"，你就可以把之前的负面评价重新定义为更有同情心的评价，例如，"我是个善良的、体贴他人的朋友。有时候因为我们太忙了才没有见面,也许,我们可以定个日期,在每个月的月底见面。"

放弃不正确的信念

大声地说出你相信的每个故事,并关注自己情绪或身体上的反应,你可以说:"我原谅自己相信了……(重复该信念)"深呼吸,当你呼气时,捕捉你正在抛开这个信念时的所思所感。

记住,你本身就已足够

你本身比你的成就、技能和经验更重要。那些证明你是谁的特质是非常重要而且有价值的。

今后,当你内心的声音在批评自己时,注意那些具有侵扰性的想法,并将它们作为入侵者识别出来。在心里说"停!"然后转而激发你的好奇心:我想知道为什么我现在会这样想?为什么我要质疑这个选择?为什么我还要继续自责?这时,请给自己一些时间来回答。我们要认清它们的本质:这是你内心的批评者在说话,它是带着负面偏见的。这些想法很可能不是真的,那不能代表真正的你。

通过花时间独自沉思,你不断地积蓄自己的内在力量,这样你就不会被不正确的描述或内心的批评者击倒。这需要勇气、毅力和承诺。同时,你还需要培养自己对不舒适感的容忍度;接受自己的不完美,并让自己变得足够脆弱,从而向世界展示这些不完美的地方。

在学习认识你是谁的过程中,有一个重要环节是

第三章　反省的艺术

要努力接受一个完整的自我。降低你内心批评者的音量，学着与消极的自我对话共处，以期建立更准确的信念体系，除此之外，还要提高你内心鼓励者的音量，这需要同情心。

> 如果你喜欢那个与你独处的自我，你就不可能感觉孤独。
>
> ——韦恩·戴尔（Wayne Dyer）

建立自我价值感

如果迄今为止，你生命中的一切力量都会使你迎来一个特殊时刻，即你开始认为你自己比想象中的更具有价值，情况会是怎么样的呢？如果说每一段苦难的经历都是为了让你觉醒，让你对自己形成更深层次的了解，情况又会是怎么样的？这意味着你可以相信自己和你所选择的生活，也可以有勇气在不受外界干扰的情况下自由地选择独处。

第三章　反省的艺术

你生活中的一切，不论是微观还是宏观的，其实都在为你服务。每一种干扰、刺激和不满的情绪，都仿佛磨坊里用于研磨的谷物；它们是你实现自我成长的基石，能让你比以往任何时候都更深入地了解自己，促使你摆脱所有的压力、世俗的判断和依恋。这个世界是为你的自我解放而存在的。控制的反方向是获得释放，释放后迎来的将是平和。但只有当我们感觉到自己的价值，我们才能使自己的生活进入平和状态，而培养我们的同情心有助于我们达到这种平静的、被接纳的心境。

通过自我接纳和自我同情，我们可以把自己从他人的意见、认可和赞同等束缚中解放出来。

培养同情心

独处让我们有机会允许自己成为普通的人。我们可以提醒自己：我们不需要把一切都搞清楚，只需要倾听自己的声音，成为自己最好的朋友，给予自己需要的支持。

有些人选择分散自己的注意力，沉迷于酒精、药物、购物和电视节目，来对抗严厉的批评。他们选择变得麻木而不是为自己提供养分，选择逃避而不是与自我连接，然而分散注意力并非长久之计。

成为自己的朋友

当我们成为自己最好的朋友时，我们就不会在意他人的意见和认可。我们会变得更愿意相信自己，而不是依赖他人，以期他人能为我们提供良好的情绪价值。

不同于外部环境或他人的认可，内心的笃定是你在进行自我赋能时可以施行的最基本的策略之一。与其希望他人理解你、爱你、欣赏你，看到你有多好或者承认你的价值，不如你先这样看待你自己。

- 与其求助于某种东西来麻痹自己，不如尝试怀着同情心，以旁观者的角度来与自己的苦痛和谐相处，提醒自己，注意这些情感是如何影响你的身心，而后又消散而去。带着这些感觉去生活，要对自己抱有同情心，像对待正在苦苦挣扎的朋友一样地对待自己，与自己交谈。

- 想想你渴望从他人那里获得什么信息。在你的生

活中,你是否希望有人说"我爱你",或"我为你感到骄傲",又或"我相信你"?你是否愿意从现在开始,每天都对自己说这些话?——只要你想听,只要你愿意。

要想这样做,我们必须放弃对他人的控制,允许他人以某种方式出现在我们的生活中,从而使我们感到舒适。通过这种方法,我们能找回属于自己的力量。幸运的是,通过这个简单的训练,我们向自己证明了我们真的可以掌控自己的感受。当人们在生活中做出改变时,面临的最大障碍之一就是介意他人的看法,担心自己的做法会遭到某种批评或拒绝。但如果我们始终肯定自己,允许自己成为不完美的人,并在这个过程中接纳自己,我们就不再被他人的观点所束缚。

我们可以自由地前行，并适时地做出改变而不用考虑他人的想法。这就是 honjok 生活的核心。

当我们给予自己肯定，让自己做出改变时，就会变得更容易接纳他人的反馈。这种内心的力量并不取决于我们获得的赞誉或批评，这体现的是一种内心平稳的状态。你的幸福感并非源于他人的陪伴，因为在定义你是谁这件事上，他们永远无法比你自己做得更好。

富有同情心的行为

问问自己：如果我的工作、钱财、家庭和健康都被夺走了，还有什么不会改变？这就是培养自我价值感的方法。

在独处时通过自我反省，了解自己是谁，在此基

础上问问自己：我的天性是什么样的？我享有哪些权利？这便于我们将注意力从默认对自己持有的消极偏见中移开。

尝试定期运用你的性格优势。根据积极心理学的创始人马丁·塞利格曼（Martin Seligman）教授的观点，定期运用我们的天赋，如善良、创造力、满怀希望和感恩的心态，可以对我们的幸福感和生活满意度产生直接影响。

评估社交媒体的使用会对自我价值感造成什么影响。我们很多人都把社交媒体当作一种与外界进行联系的方式，来缓冲自己的孤独感，然而当我们在网上没有得到足够的点赞量时，我们的自我价值感就会大打折扣。实际上，对情绪敏感的人和那些想在社交媒体上建立有效和深层联系的人来说，社交媒体不是好的途径。它可能会提供一些东西，但要注意你在探求什么。你是否在逃避？你是否经常查看自己究竟获得了多少点赞量？其实你可以找到许多其他的休闲方式，它们能让你接触现实中的人，甚至可以让你与其他人建立一段互相理解、相互信任的关系。如果事实证明，社交媒体的使用对你来说是有害的，那请尽量减少使用它的次数。

追踪自己的进步。你能欣然接受上司或合作伙伴的批评，而不将其内化为你自己或工作质量的问题吗？你能把这种批评视作一次改进的契机，或者促进成长的机会吗？你能接受自己正在成长的事实并为自己预留犯错的余地吗？当你想自责的时候，请提醒自己注意以上问题，这其实就是我们所说的"进步"。

我们越发地接纳自己，就能越发地信任自己。我们给予自己的同情心越多，就能有越多的自尊，这样一来我们在自我陪伴的时间里就会觉得更舒服，这就是 honjok 的生活模式。

培养自我价值感是我们一生的命题，因为变化是不可避免的。比如：我们会换工作，我们的孩子会成长，我们的父母会去世，我们的身体机能会衰退。而在这些过程中，我们所扮演的角色也在不停地发生变动，可能会从女儿、儿子、运动员、管理者到看护者。

独处的价值就在于让我们慢慢明确这个真相。当你开始投入时间来培养自己的独处能力时，你就能更好地面对你未来生命中的变化。变化总是始于个人意识的改变。而且通过反省，我们可以更有意识、更有目的地去追求那些最能引起我们共鸣的个人活动；与此同时，我们也能去做更多能点燃我们

第三章　反省的艺术

内心的事情，这样我们就可能获得我们想要的感觉以及我们希望拥有的生活。

> 真正的自信源于我们能无条件地与自己成为朋友。
>
> ——佩玛·丘卓（Pema Chodron）

独处行为

第四章

享受独处时光

　　Honjok 这种生活方式为我们提供了一剂解药,让生活在快节奏世界里的我们得以从疲惫的人际交往中解脱出来。它不只是一个逃离大众的机会,更使我们学会独立处理事务,这具有深远的意义并给我们带来更多好处。它为人们提供了一个得以喘息的空间,人们在这里拥有自主决策权,以及随心所欲地做任何事情的自由。因此,个人主义的乐趣推动了 honjok 生活方式的发展。

独行

选择为自己而活而不是为他人而活是 honjok 生活的核心。

独处的时间为你提供了专注于当下的机会,在尽量减少外部干扰的情况下,关注当下变得更加容易。当你不被他人打扰时,就可以完全专注于你正在做的事情和周围的世界。当没有人要求你注意他或是与他交谈时,你就可以全神贯注地享受美食或悠闲散步。

当然,honjok 不仅仅是指一个人在家里放松身心,它还包括独自参加活动,即使此时你身处人群中——无论是出去喝酒、吃饭、看电影或独自旅行,都被称为 honjok。honjok 式生活的一个好处是可以省钱,和一群人出去可能意味着要分担一顿饭的费用或与他人轮流购买几次饮料，而单独用餐则花费较少。

或许，独自进行这些活动的最大好处是可以自由地选择去哪里和做什么，而不必考虑其他人的需求、愿望或饮食要求。你可以做任何你喜欢的事情。

这种不受限制和约束的自由是 honjok 生活方式的一大魅力。你只需要思考什么能带给你快乐而非理性地权衡利弊，你选择的是取悦自己而非取悦他人。

● 自我取悦（JOMO）

害怕孤独和害怕失去会妨碍我们把时间留给自己。但是错失的快乐呢？这就是当晚餐约会或社交活动被取消时我们要庆祝一番的原因，它给我们提供了一个机会，让我们花点时间做我们想做的事情。与其为了

THE
ART OF
LIVING
ALONE

社交把自己打扮得漂漂亮亮的,不如直接换上舒适的衣服,享受一个计划之外的夜晚。

● 发自内心的喜悦

除了自主权和选择自由外,honjok 式生活还鼓励人们只做自己,不必去迎合他人的期望或仅仅是为了更加适应周围的环境而改变自己。

独处的时间让我们有机会卸下面具,抹掉虚假的笑容,只做真实的自己。当周围没有人的时候,我们可以袒露自己真实的灵魂。我们不需要伪装,只需要做真实的自己。

因此,我们可以为自己做的最有价值的事情之一就是在孤独中创造一个休息空间,在这里,我们不需要实现什么梦想,也不需要成为什么大人物。只是让一些神秘的事物展现在我们面前,我们就可以抛开生活中所有的"应该",只是简单地静下来,不做任何评判地与自己相处。在这种情况下,孤独可以让我们产生一种爱自己、接纳自己、知足常乐的感觉。

更多的自我时间

除了省钱,独自就餐还能避免浪费时间。我们不需要开车去别人家里接他们去餐厅用餐,也不需要在点菜前或用餐后花时间去叙旧。与此同时,honjok 群体可以把那些原先花费在他人身上的时间节省下来,转而用在自己身上。

这很有意义,特别是现在忙碌和紧张的日常生活

第四章　独处行为

给人们制造了一种时间紧缺的焦虑感。人们渴望有效地利用每时每刻。

　　工作的压力和下班后所应承担的社会责任更是放大了这种时间焦虑感,促使人们忙不迭地追赶时间。同时,日常生活中持续不断的干扰,让我们无法有效地和其他人或自己沟通。当我们把全部精力都倾注于无穷无尽的待办事项上时,我们的注意力就会分散,而不是集中在我们自己身上。

　　honjok式生活为我们提供了更多的"自我"时间,让我们放慢脚步,静下心来,通过参与令人愉悦的活动来填补这段时间。比如阅读、绘画、唱歌,我们也可以用这些时间来进行自我调整,并理清自己的想法和内心感受。

　　无论你选择阅读、沉思、烹饪、园艺、创作、遐想，还是写作、玩耍、听音乐、静坐、享受日光浴或仅仅是沐浴都可以，我们有很多方法来享受独处时间，让它为我们的身心服务。

设立自我关怀的仪式

如果你能设立一个用以定义独处时间的仪式——比如喝杯茶或在某个特定的地方坐一会儿,这将有助于你把它转化为一种习惯而不是一件奢侈的事情。让独处时间为你服务时,这样它便可以为你提供养分。

试着像安排约会一样地筹划一些自我关怀的仪式。自我关怀意味着你和自己有一个约会,它和其他的约会一样重要,甚至比其他约会更重要。

或者,你可以从匆忙的生活中抽出空来进行这一仪式,比如在工作时间过渡到家庭生活的过程中开展仪式,或者将其作为你早晨起床后的第一件事。你越是将这些事情仪式化,它们就越会演变成具有可持续性的习惯。

倾听自己的声音,问问自己,我今天需要什么?选择给予自己养分而不是麻痹自己,并尽可能地让自己的自我关怀仪式成为习惯。

创造一个宁静的空间,在独处中培养自己具备强大的倾听能力。哪些做法可以帮助你更好地享受自我关怀和独处时间?是在房间里开辟一个安静角落,放上舒适的坐垫和一杯热茶？或者在你最喜欢的树下放一张长椅？还是放上你最喜欢的书、素描本、日记本？

● 自我关怀的方法可能包括：

- 用你喜欢的精油泡澡或者来一次清爽的淋浴，放松身心；
- 在大自然中散步或者晨泳；
- 选择阅读或放松自己，而不是沉迷于观看视频；
- 将精力投入到具有创造性的游戏中，如素描、绘画、涂色或制作手工作品；
- 定期做按摩、面部护理或水疗；
- 小睡或跳舞，随便选一种活动；
- 通过列出自己的优点来表达对自己的爱；
- 写日记或冥想；
- 给自己泡一杯热乎的花草茶，用毯子把自己包裹起来，然后坐在一个舒适的地方进行思考。

自省和写日记

写日记不仅仅只为了给后人留下什么,将自己的想法、感受和忧虑记录下来的好处有很多。在纸上执笔书写的过程中蕴含着个人力量,通过写日记,你可以处理情绪,实现目标,增强自我意识并提高情商。

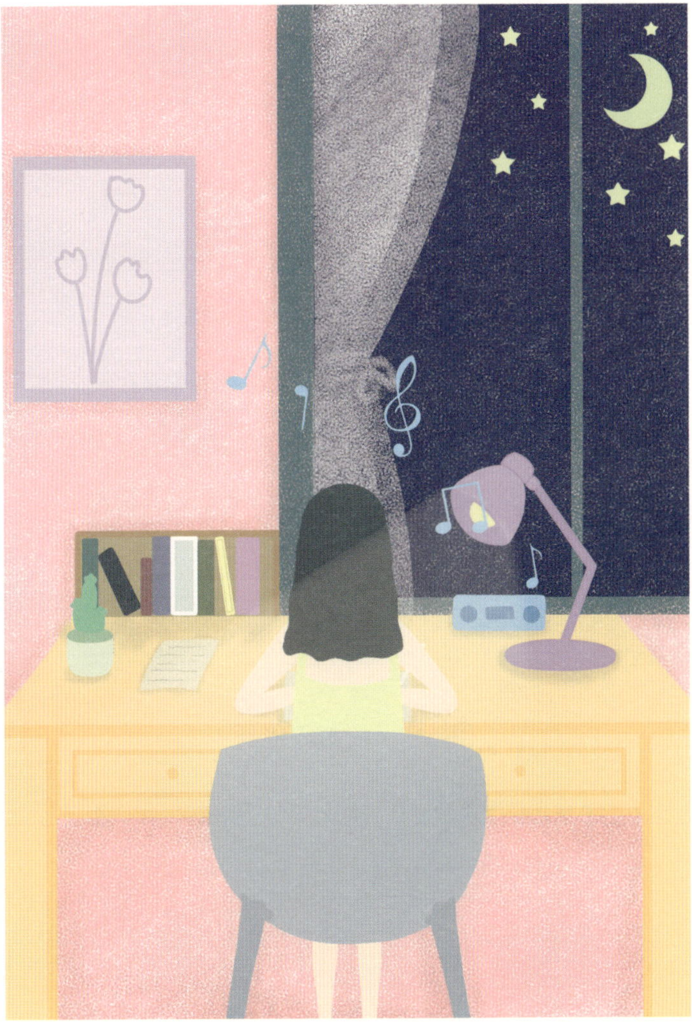

写日记有助于探索你真实的性格，获得更清晰的自我认知；在理清头绪后，你的睡眠质量、自我感觉都会变好，因为写作有助于你把事情看得更透彻，把乱七八糟的想法梳理清楚，最终找到解决问题的方法。日记能帮你捕捉一些珍贵的瞬间，让你更加关注在一天中发生的事情，这便于你管理自己的思维。通过写日记，独处时间会变得有效，能产生积极影响且具有治疗作用。

你可能会写：

• 清晨篇章：朱莉娅·卡梅伦（Julia Cameron）在《艺术家之路》中提出，当你每天早上都写几页"意识流"，不用去想究竟在写什么的时候，你的创造力就会被激发出来。这时，你脑海中繁杂的想法和念头会冒出来，作为催化剂来重新点亮你的生活。

• 对未来的希望和计划：可以描绘你所期望的在 1 年后、5 年后或 10 年后的生活是什么样子。勾画一下，再想想今天你可以做哪些小事来向这些梦想靠近。

• 感恩清单：包括你当下所感恩的东西。积极心理学领域的研究人员发现，通过记录三件或更多值得你感恩的事情来表达感激之情有很多好处。把我们的注意力集中在我们所拥有的而不是还没拥有的东西上，这样可以激发内心的积极情绪，增强幸福感。记录你所感激的人、事物以及原因，并记录今后希望体验到的快乐时刻。对将来的你而言，这会成为用以追忆过去的具有积极意义的读物。

• 成就清单：这可以治愈不良情绪。提醒自己你已取得的成就，这会让你对自己的能力充满信心。

- 一封感谢信或道歉信：你不一定需要把这封信寄出去，但它可能会使你对过去的一些事情释怀。
- 忧虑和想法清单：可以记录任何你希望从脑海中抹去的想法，把它们写在纸上，以便你今后可以继续自己的生活。

冥想

在传统意义上,独处时间不一定是有益的。现代社会催生了一种全方位、深层次的追求效率的焦虑感,它将我们的个人价值与生产力联系在一起,但现有的研究表明:传统的冥想有利于而并非阻碍我们的生产力发展。

当然，让我们从繁忙的日常生活中抽出时间来冥想会让我们感觉不适，但这样做有利于提高我们的专注水平，延长我们的注意力集中时长，同时减少我们的压力和焦虑感。所以，这是一个有用的方法，它让我们在工作时能更好地集中精力。冥想的另一个好处是增强我们的自我意识。所以，请多抽出一些时间与自己相处吧。

首先，独自找一个安静的空间，并设置 10 分钟左右的冥想时间。你可以正襟危坐或躺下，然后深呼吸，从一数到五时吸气，数到六时呼气。

● 正念冥想

这种冥想让你将注意力集中在自己的感官和

呼吸上。

- 睁开眼睛，列出你所注意到的周围的情况；
- 闭上眼睛，把注意力集中在你能听到的声音上——先关注你所听到的近处的情况，然后将注意力调整到远处；
- 想象那些你能闻到、尝到和触摸到的东西，调动自己的感官与之相连；
- 缓慢地深吸一口气，然后呼气。注意你身体的感觉，并在脑海中记住它们；
- 重新把你的注意力集中到呼吸上；
- 当你脑海中闪现一些想法时，把它们过滤掉，不做任何评判，并再次把你的注意力带回到呼吸上，之后带回到自己的感官上；
- 重复以上动作。你能看到、听到、尝到、闻到、

触摸到什么?然后再把注意力放回到你的呼吸上;

- 在你的脑海中说"吸气,2、3、4""呼气,2、3、4",注意你的呼吸进入身体和离开身体时的感觉,并关注胃部的起伏状态;
- 专注于呼吸,一旦走神,马上重新集中注意力。

有时,你可能需要借助一些道具,比如蜡烛,点一支蜡烛,烛火会让你的心灵获得宁静,让你内心的想法像海浪一般冲刷你的大脑。不要评判它们,也不要对它们抱有执念,让它们自然地出现和消失。当你心绪杂乱时,就把注意力放在烛火上;当你的冥想结束时,请感谢这种关怀自我的行为。

冥想式运动

运动是生活中十分必要的事情,我们遵循这种已有的健康准则,但我们也慢慢忘记了其中的乐趣。你还记得小时候跑步的感觉吗?你有没有想过你的身体在表达什么?你可能并不关心你的手臂是否在挥动,甚至没有想过目的地在哪里。在那一刻,你只需要感受当下,在你的肺部起伏着、双腿向前奔跑时感知你身体的力量,你的思想和身体是相通的。

引导式冥想

有时,你可能喜欢通过手机 APP 来进行引导式冥想,如 Insight Timer 或 Headspace。倾听 APP 上引导性的话语,按照指示慢慢地吸气和呼气。

哈佛大学的研究人员发现,规律的正念冥想能改善大脑结构,加厚大脑中负责记忆和学习的部分——脑内皮质(海马体),所以在独处时进行冥想是让自己获得成长和提高的有效方式。

作为一个成年人,你可能感觉很难像孩子们一样自然地进入身心相连的状态。不过,冥想式运动可以培养出这种体验。这种方式的运动能使你的注意力更集中、心情更平静,让你的思想与身体连接起来,避免回忆过去或思虑未来。你不再忧虑和计划未来,只是简单地生活在当下。对 honjok 群体而言，无论是参与一个团体性的课程，还是独自一人行事，冥想式运动都是不错的选择，它能与 honjok 式生活完美契合，因为它专注于培养身与心的联系。

2018 年发表在《临床医学杂志》上的一篇文章称，传统的冥想式运动，如太极、瑜伽和气功，对治疗焦虑、睡眠问题和抑郁症都很有成效。越来越多的人寻求方法，以期自己的心灵能获得平静，由此，那些结合了拉伸、呼吸和放松的运动方式变得大受欢迎。在美国最近开展的一项全国健康访谈调查中，美国人将这三项传统的冥想式运动列为他们首选的辅助性疗法。但这并不意味着说你必须通过太极、瑜伽或气功才能建立身心间的联系。冥想式运动的一个奇妙之处在于没有一定之规，你可以用任何一种单独的运动方式来

THE
ART OF
LIVING
ALONE

练习，包括在健身房的锻炼或在人满为患的俱乐部里跳舞。

思考一下你为什么热爱运动。你是否从跳跃、旋转、舞蹈或速滑中获得了快乐？什么样的运动能让你产生一种畅快感，达到忘我的状态？想想你小时候喜欢什么运动？行动起来吧。可以在你家附近的公园里打打篮球，或者在你生活的街区跑步，独自在乡间小路上骑自行车，或者光着脚在草坪上跳舞。请深呼吸，不要做评判，也不要考虑别人，只是做自己。

在大自然中漫步

公共卫生领域研究人员发现，花时间置身于大自然中能让我们释放压力并恢复元气，还可以提高我们的免疫功能，降低血压，最终有益于我们的身体健康。1984年，瑞典查尔姆斯科技大学的教授罗伯特·乌尔里希（Robert Ulrich）发现，如果患者能够在病房里看到窗外的树，他们就能更好地应对手术后的疼痛感。

此外，140多项涉及2.9亿人的研究也证明，接触绿地，包括开阔的、有自然植被的未开发的土地或城市公园和街道绿地，有利于促进人们的身体健康。

在世界各地，人们以不同的方式拥抱自然。在日本，森林浴极受推崇——人们在森林里坐着、躺着或散步。在荷兰，人们喜欢在刮风时进行运动，这种做法被称为"uitwaaien"，可以理解为"去吹吹风"，其作用是让你头脑清醒、精神振奋。

花些时间独自漫步在大自然中，与周围的风景和声音相伴，你便可以轻易地与自然建立连接：风在树

第四章　独处行为

丛中穿梭，湖面泛起涟漪，鸟儿在枝头鸣叫，不经意间还能听到森林的浅浅低语，一派令人惊叹的景象。

想一想你每天都要走的固定路线，你上次真正注意到它是在什么时候？请关注当下，多注意自己身边的事物。

- 关注沿途的路牌和树木，以及天空中的云朵和来往的行人。观察你身体的感觉、呼吸，以及脑海中飘荡着的念头；

- 穿过附近的林地或其他绿地时，坐在一棵树下，怀着敬畏之心聆听大自然的声音。随着时间的流逝，观察光影的变化；清风拂面时，关注身体的知觉，细心感受当下的甜蜜和平静。或许，你可以在月圆之夜独自去散步，认真倾听整个世界，感受大自然是如何慢慢将你唤醒。

- 散步时，利用你的感官去体察周围的一切。感受你听到的声音、看到的风景、偶尔闻到的气味，以及脚踩大地的感觉，你就当作从未见过、听过或闻过一般，对所有你感知到的东西都怀着好奇心。

探索自我的创造力

多年来，人们一直把艺术疗法看作一种有效方式，用以挖掘难以用言语表达的深邃情感。你不必去看心理医生，也不必加入培训班来学习如何制作艺术品，甚至不必事先制订计划。这是一件你可以独立完成的事情，就在此时此刻。

无论我们的收入、年龄或能力如何，都可以拥有创造力。唯一需要注意的是：放下固有的信念。这包括你对自身创造力的判断和评价，以及任何想让自己趋近完美的美好愿望。

但是，这并不意味着你要创造出完美的作品，它只是为了让你在忙碌的生活中暂停片刻，表达自己，并享受当下。如果你对艺术创作和写作不感兴趣，给画作涂色或许是一个能够让你迸发创造力的完美切入口。

近年来，成人涂色书广为流行，这是有原因的。涂色时我们的神经系统会发出信号，彰显我们的存在感。此外，涂色还有助于减少我们体内的肾上腺素和皮质醇（压力激素）的分泌。

当然，也许你更喜欢写诗、给爱人写便条或者为自己的生活列出计划和清单。如果你感受到了写作的召唤，它加深了你与自己、与独处、与生活的亲密感，那可以参考以下方法来挖掘你创造力的方法：

- 定期安排一些时间，用以激发创造力——在工作、学习或社交约会中，抽出 10—15 分钟稍作停顿；

- 想想有什么工具可以激发你的创造力，让你忙碌的心灵平静下来，把这些工具放在触手可及的地方，以便你能随时使用它们。可以购买一套简易的水彩颜料、画笔和纸；或者是一台好相机，以便在外出时可以拍下任何能让你产生共鸣的照片。此外，也可以在网上搜索一些写作攻略，买一本精致的笔记本和一支好用的钢笔；

- 将一张白纸看作表达自我的工具。思考你的身体想向你展示什么。这时你可能会发现，你可以解决你一直面临的挑战，你可以将生活中的问题看得一清二楚，或者你能更好地处理一些发生在你身上的事情；

- 自由地写作、涂鸦、描绘或画画——在这一刻，对一切能够激发你创意灵感的活动持开放态度。选择一种能表达你情绪的颜色，也许你会画点什么，也许你只是在那段时间里，让你的意识经由文字跃然于纸上，在此期间，不需要对你的意识进行任何批判或修饰。这种不间断的涂鸦、绘画、书写或涂色可以让我们感受自身情绪的变化，这样我们的内心就不会压抑着一些糟糕的情绪。

要想挖掘出你的创造力，你不一定要具备雄辩的口才或艺术天分。你只需要释放自己的好奇心，让你的情绪引领你，看看它们会把你带往何处。跟随你的想象力，停止内心的评判，看看会发生什么。

第四章　独处行为

> 沉浸在孤独与寂寞中的季节恰是毛毛虫长出翅膀的时期。当下一次孤独感席卷而来的时候,请记住这一点。
>
> ——曼迪·赫尔(Mandy Hale)

探险之旅

在过去的十年里,独自旅行越来越受人推崇。它给人们提供了一个可以在任何时间去任何想去的地方,做任何想做的事情的机会。对 honjok 群体来说,独自旅行可以提供独立生活所能带来的几乎全部的自由感。你独自制订旅行计划,随时准备出发。

第四章　独处行为

独自旅行时，你可以自由地选择是否与人进行交流，也可以沉浸在书本中，没有人会因为你专注于自己的事情而指责你。这是一种拥有自由的体验。

独自旅行还为你提供了一个特殊的机会，当你注意到那些能在一天中给你带来欢乐的事情时，你就可以思考什么对你来说是最重要的。也许是你在一个新的城市中找到了路，也许是你在当地酒馆中与遇到的人相谈甚欢，也许是你欣赏到了一些街头艺术，或者只是你坐在热闹的广场中央听着人们用外语聊天。当然，你也可能会喜欢晚上安静的独处时间，那时你可以重温一天的经历，并记录自己的感悟。

如果你从未尝试过独自旅行，可以先在离家不远的地方开始一段短途旅行。你可以在周末花上几个小时，去邻近的城市逛一逛，或者和朋友约定一个目

THE
ART OF
LIVING
ALONE

第四章　独处行为

的地，然后各自花一两天的时间去探索不一样的旅游路线。此外，去体验一次静修，把独处时间列入日程。通过短途旅行来建立信心，其后再尝试去国外旅行。

旅途中，你可以使用翻译软件，或者在网上查找一些单人旅行的攻略。

独自旅行时要保持联系：

• 参加团队旅游、住在旅馆里或者和当地人聊天，以维持社交联系。事实上，当你独自旅行时，你更有可能去了解他人，而不是只和朋友、家人或旅行团的成员交流。去探寻当地人喜爱的地方，这样你就能以他们的视角来欣赏这些风景。

• 把你的探险经历写成博客或发布在其他社交媒

体上,即便你是在独自旅行,这样做也可以使你感觉有其他人与你同行。

● 确保安全

1998 年,佛罗里达大学健康与人类行为学院的社会学家希瑟·吉布森(Heather Gibson)研究了女性旅行者或独自旅行者所面临的挑战,特别是涉及她们的家人、朋友对旅游表示出的担忧和反对。今天,不论是对独自旅行者还是团体旅行者来说,世界仍然不是绝对安全的,但技术和无线网络的发展为个人旅行提供了更多的可能性:他们能随时轻松地与远方的朋友获得联系,能舒适地进行独自旅行。

有一些应用程序可以为你创建紧急联系人名单,

如果你按下 SOS 按钮，他们就根据你的 GPS 坐标发出警报。还有其他的应用程序，例如美国红十字会开发的应急应用程序，提供了十几种紧急情况下的安全提示以及急救信息包。

一些应用程序具备更加全球化的服务理念，提供了前往 200 多个国家旅行的建议和提示，其中也包括其他旅行者发布的旅游攻略，提醒你注意旅行目的地的潜在危险，比如扒手等。

独自用餐

吃饭往往被视作一种公共活动,是一种与朋友建立联系的方式,一种表达文化传统和纪念、回溯家族根源的途径。因此,人们认为应该避免独自用餐,这不是一个可选项;它象征着孤独或者是你无法吸引同伴与你一起就餐。在过去,如果你独自一人来到一家餐厅,人们会对你投来异样的目光。

第四章　独处行为

随着在世界各地,有越来越多的人选择独自去餐厅吃饭,这种观点正在慢慢转变,尤其是在人们更可能选择独居的大城市。

在过去的三年里,许多餐饮店的在线预订平台和应用程序上的单人预订量大幅上升,许多人感到与五年前相比,独自用餐变得更容易被接受了。在全球范围内,这种趋势似乎变得越发明显。在韩国,有越来越多的餐厅提供私密性隔间和手机充电插座,来迎合那些想要"honbap"(独自吃饭)或"honsul"(独自喝酒)的 honjok 群体。传统的韩国美食,如烧烤,是为团体性用餐而设计的,所以餐厅为独自用餐的客人提供了其他类型的餐食。

韩国的传统食物烹饪工序十分复杂,一个人很难独立完成。一些韩国的 honjok 群体甚至寻求创新性的解决方案，以应对这种挑战，比如联系其他群体成员，轮流承担做饭的职责。

虽然没有人能评判你所选择的食物，或者你是否用正确地使用餐具，但一开始，独自用餐确实会令人感觉有些奇怪。比起在餐桌前默默地吃饭，我们更可能在匆忙用餐的间隙划动手机或看电视。

这一代人生长在高速发展的科技环境下，他们的大脑习惯于即时满足，在没有面对任何屏幕或其他刺激的情况下独自一人用餐，可能会让他们感觉更加不适，我们很难独自徜徉在自己的思想里，细细品味一顿令人满意的晚餐。

但是，分心会让食物与我们的身体脱节，让我们意识不到在什么时候吃饱了，有意识地进餐是解决这一难题的有效方法。

● 有意识地进餐

如果你从未独自用餐,请采用一些能让你顺利用餐的小技巧,当你准备好的时候,你就会知道在餐厅独自用餐会有什么感受。先尝试着在开始就餐的前五分钟里,心无旁骛地吃饭。

准备好你的食物,布置好你的餐桌。如果你习惯于将餐盘端放在大腿上,坐在电视机前吃饭,以上准备工作尤为重要。你首先要做的改变就是坐到餐桌前,可以点一支蜡烛,或者在桌上放一些你喜欢的装饰品,将其作为鼓励你全情投入地享用这顿饭的奖品。这时,请把你的手机放到另一个房间里,或者直接关机。

注意你的饮食方式。你吃得很快吗?如果是的话,

THE
ART OF
LIVING
ALONE

请吃得慢一点。你多长时间咀嚼一次？当你放慢速度，有意识地专注于进餐时，你能否品尝出更多的味道？你是否发现食物很有吸引力或丰富多彩？此外，你还注意到了什么？

思考食物是如何影响着你的身体。它会给你带来能量、活力和专注力，还是会让你头脑昏沉、疲劳和腹胀？你只要饿了或累了就会吃东西吗？你的情绪和心态会影响你的食欲吗？

Honjok 式的生活

独处需要勇气。我们要超越大众思维和既定身份，冒着风险去发现自己是谁。但是，毫无杂念的独处需要强大的意志力，杂念隐藏在探索真实自我的旅途中。当我们臣服于独处的艺术并接纳我们所发现的事物时，我们便发现了如何归属于自己。

第四章　独处行为

归属于自己意味着我们体验到了真实自我的独特性。我们在自己的独特性中自得其身，这包括展现我们拥有的天赋。

● 审视自我

honjok 让我们有机会升级自己受限的信念系统——从认为自己应该成为谁到真正地认识自我。它让我们发现，什么事情对我们来说是最重要的，以及什么事情是我们生活中应该优先考虑的。因此，我们应该依据自己的需要，尽量多安排一些独处时间。

无论你是否独居，都需要探索什么是适合你的。你想拥有丰富的独处体验，独居并非唯一的方式，即使和他人住在一起，你也可以在独处中找到自己真正的价值。真正的丰富与充实源于独处和归属于自己，而这种归属于自己的感受只有通过沉思性的独处才能实现。

要明白，你选择的独处方式可能会随着时间的推移而发生改变。这些改变取决于你所处的人生阶段、身边的人、可能遭遇的限制以及你对不同活动的喜好。同时，你也要为独处创造空间。

当我们与他人一起参与活动时，我们会忙于与他人交流，因而很难注意到周围的环境。同样，当我们独自忙碌时，我们会发现自己分心了：要么是被手头的任务所困扰，要么是在回忆过去或担心未来。如果我们不再麻木地穿梭于日常事务中，或者因为忙着规划未来而忽略当下，那我们可能过上什么样的生活呢？

独处的时间可以让人放松身心或者恢复元气。

第四章　　独处行为

独自参加社交活动可以让你更好地了解他人和自己。honjok 式生活的美妙之处在于你可以自由地决定你将多少时间用以与外界联系，将多少时间用来独处；你要去哪里、做什么完全由自己决定。这实际上是一种表达自由的方式：它让你从社会世俗认定的"应该"的事情和他人的期望中走出来。如果你觉得踏上这段旅程对你来说很困难，这里有一些小贴士可以帮你启程：

- 不带手机，独自去散步。关注周围的环境，就像你以前从来没有来过这里一样；调用你各项感官，去感受周围的气味、景色和声音；

- 试着每周独自去咖啡馆一次。收起你的手机，只是坐着观察周围的人和事，并思考，体会独自待在咖啡馆内的感受。你是否在顾虑他人会怎么看你？你如何才能做到对他人的评价置之不理？

- 报名参加一个课程，探索一项你从未尝试过的活动。即使是在小组课上，你也会因为不认识房间里的其他人而被迫走出舒适区。你可以加入徒步旅行团、摄影小组、烹饪班或陶艺班；

- 开始建立用以独处的空间。独自去听一场音乐会，观看一场戏剧或一场体育赛事；或者独自去一个静修圣地，在那里度过整个假期；

- 珍惜你的独处时间。看看窗外，观察你的所见、所闻、所感；播放你最喜欢的音乐，在房间里跳舞；用相机拍下附近任何令你感兴趣的东西；蜷缩在你最喜欢的椅子上，品尝一杯茶或者静静地待着。

独处的清静状态有益于你的身心健康。让独处成为一个优先选项，而不是一件等你准备好了再去享受的奢侈品。作为一个独立的个体,找出哪些活动能激发你的快乐心情,哪些活动能让你自由地做自己,并让你看到真实的自我。

> 所有我爱的,我独自爱着。
>
> ——埃德加·爱伦·坡(Edgar Allan Poe)